●グラフィック［法学］－1

グラフィック
法学入門
第2版

青木 人志
Hitoshi Aoki

GRAPHIC

新世社

　法学教師として教壇に立つようになって20年以上が経ちました。私はその大部分を基礎法学とくに比較法学の世界で過ごしてきました。

　勤務先の一橋大学の法学部・法科大学院で担当している主要科目は「比較法文化論」といい，諸外国の法や法現象と日本のそれらを比較することに主眼を置いたもので，したがって，「日本法の解釈論」を直接には扱っておりません。

　一方，その間，私には，本来の専攻である比較法学の枠を離れて，一橋大学の法学部1年生や法科大学院未修者を対象とする導入講義（「法と社会」「導入ゼミ」）を担当したり，法学部のない他大学に非常勤講師として出講して「法学」の講義をしたりする機会が何度かありました。また，入試広報イベントであるオープンキャンパスの折に高校生を相手に法学の魅力を伝えるための模擬講義を担当する機会も複数回ありました。

　さらに，2009年にはNHKの教育テレビの『知る楽——歴史は眠らない』という一般視聴者向け番組にナビゲーターとして出演し，当時導入されたばかりの裁判員制度に至るまでのわが国の法の歴史を振り返り，あわせてその番組テキストを書くという，得がたい経験もしました。

　本書は，そういった機会を通じて書きためてあった未発表の講義原稿や，すでに出版された番組テキストを土台にし，それらに加筆修正を加えたうえで，あらたに「法学入門」というコンセプトのもとに，一書にまとめたものです。

　いちいち書名を列挙しませんが，定評のある法学入門書，工夫を凝らした斬新な法学入門書は，すでにたくさん世に出ております。私自身も，学生時代に先学達の著したそれらの書物から大きな恩恵を受け，教壇に立つようになってからは，それらを自分の講義の「参考書」として学生諸君に紹介・推薦してきました。

　ただ，それらの名著・好著といえども，どれか一冊を自分自身の講義の「教科書」に指定できるかというと，それはたいへん難しいことです。なぜなら，

扱われている素材，難度，分量，入手しやすさ，そして時には価格の観点から，どれもみな，いわば「帯に短し襷に長し」だからです。

　いつか自分自身の肉声で語る自前の法学入門の教科書を作りたいというのが，私の願いのひとつでありました。まったくの初学者である若者（典型的には大学1年生や法科大学院未修コース1年生）が法学の魅力のいくばくかを感じ取り，張り切って各法分野の本格的な勉強を始めてくれる契機となるような講義がしたい，そのためにまず自分自身の教科書がほしい，そう思っていました。そのようなところに，新世社編集部から本書の企画を提案していただけたことは，たいへんありがたく嬉しいことでした。

　本書においては，初学者に伝えるべき法や法学の魅力や特質を，5つの観点から具体的な素材に即して解説しています。それらは，それぞれ，法の「人間性」（第1章），「ドラマ性」（第2章），「技術性」（第3章），「歴史性」（第4章），「可塑性」（第5章）です。法や法学の魅力や特質はこれに尽きるものではありませんが，初学者に対しては，なによりも，法や法学の技術性の背後には，時間・空間の中で精一杯生きている人間たちの温もりがあること，それらはじつに劇的でダイナミックな存在であり，未来に向けて開かれた存在であること，一言でいえば，「青春を賭けるに値する対象」であること，それを強調したいと考えました。

　なお，本書の第4章と第5章は，前述のNHKの番組（『知る楽——歴史は眠らない』）のテキスト（題名「裁判員制度への道」）として，2009年6月に日本放送出版協会より出版されたものを土台にしています。本書への転載を快く承諾してくださった日本放送協会，その節お世話になった日本放送協会関連事業局の岩松享氏には，この場をお借りして深く御礼を申し上げます。また，同番組のディレクター（当時）で番組出演とテキスト執筆の機会を与えてくださったNHKの八木真氏にもあらためて感謝の気持をお伝えしたいと思います。

　他にも，本書は多くの方々の御厚意と御協力に支えられています。とりわけ，著者の怠惰ゆえに原稿執筆が大幅に遅れたにもかかわらず，最後まであきらめず見捨てず督励してくださった新世社の御園生晴彦氏には，心よりの感謝を捧げたいと思います。本書の出版は，まさに御園生氏の献身的な御協力なくしては，ありえないことでした。また，校正過程で綿密なチェックをしてくださっ

た編集部の出井舞夢氏と著者校正の手伝いをしてくれた中畑太一弁護士（一橋大学法科大学院修了生）にも御礼を申し上げます。ただし，不適切な表現や誤りが残っている場合はすべて著者である私の責任です。それらの点については読者諸賢の御教示を乞いたいと思います。

　本書は『グラフィック法学入門』と題されていますが，白状すると私自身はグラフィック関係の才能をまったくもちあわせておりません。そのため，本書中に掲載された図表イラスト作成や写真選定については，前述の御園生氏をはじめ新世社編集部の方々の御協力を得たほか，家族（次女ふみ）にもアイディアを出してもらいました。著者の非才を補ってくれた皆さんにも，あわせて感謝を申し上げます。

　最後に，私事ながら，息子の本が出ることを楽しみにしつつ，その刊行直前にこの世を去ってしまった父に，本書を捧げます。

　　　2012 年 7 月

　　　　　　　　　　　　　　　　　　　　　　　　青木　人志

＊第 2 版刊行にあたって

　2012 年に刊行された本書の初版は，これまで 5 刷を重ねることができました。この間，増刷の機会をとらえて，小さな誤植の修正や法改正にともなう記述の訂正を加えました。ただ，いかんせん引用データが全体的に古くなったうえ，民法の大きな改正等もあり，もはや微修正では済まない状況になりつつありましたが，幸いにもこのたび，出版元の新世社と担当者の御園生晴彦さんのおかげで，改訂版を出していただけることになりました。

　改訂作業にあたっては，一橋大学大学院法学研究科博士課程の谷本真珠さんの力をお借りしました。谷本さんは，差し替えるべき最新データをすばやく集めてくれたのみならず，有り難いことに本文を綿密に通読したうえで，誤記や改善すべき箇所をたくさん発見してくれました。谷本さんの御援助に心から感謝します。

　　　2021 年 1 月

　　　　　　　　　　　　　　　　　　　　　　　　青木　人志

● 目　　次 ●

本書の第 4 章および第 5 章は，日本放送出版協会『知る楽——歴史は眠らない』（2009 年 6 月発行，「裁判員制度への道」）の p. 80-94，p. 103-139，p. 145-160 をもとに，加筆修正したものです。

第1章

法の人間性

──「青春の学問」としての法律学──

■ 最高裁大法廷 ■

（写真提供）　時事通信フォト。

1.1 法学の面白さはどこにあるのか

1.1.1 法学への招待

　最初に，法を学ぶこと，あるいは法学を勉強することの魅力は，いったいどこにあるのか，ということから考え始めたいと思います。

　このことは，まだ法を学んだことのない人には，まったくイメージがわかないことでしょう。たとえば，スポーツでも音楽でも，やってみるからこそ，その面白さがわかるものです。ここでいう「面白さ」というのは，スポーツを観戦する面白さや，音楽を鑑賞する面白さとは別の種類のそれです。スポーツを自分でやる喜びや，音楽を自分で奏でる喜びと同じような，自らそれを直接体験することを通じた喜びのことです。そういう面白さは，やらない人にはそもそも語ることはできません。

　法学でも同じです。スポーツであれば，まずはボールを投げたり蹴ったりしてみる。音楽であれば，鍵盤を押してみたり，弦を爪弾いてみたりする。そうやってみて初めて面白さへの道が徐々に開けてくるように，法学の面白さを自分の実感として知ろうというのであれば，まずは法学を学び始めること以外に方法はありません。

　でも，だからといって，これからスポーツ競技や楽器をやってみようという人が，選手の語る競技の魅力や，音楽家の語る演奏の喜びに耳を傾けることは無益ではありません。ぜひ自分もやってみたいものだというきっかけが与えられたり，ますますその動機づけが強まったりするからです。

　本書もそういうことを意図しています。法学の面白さや魅力を語って，みなさんが法学の世界に直接触れるきっかけを与え，同時に，ほんの少しだけその世界を案内してみたいのです。

1.1.2 いちばん大切なこと

　ただ，どの学問分野でも同じですが，法学も，学習の深度に応じて，さまざまな違った魅力をみせてくれるものなのです。それらを，最初から，あれもこれも全部お伝えしようというのは，どだい無理な話です。

```
┌─────────────────────────────────────────────┐
│                                               │
│        実 定 法 学                             │
│  ┌─────────────────────────────────────────┐ │
│  │                                           │ │
│  │ 憲法，行政法，民法（民法総則，物権法，債権総論，   │ │
│  │ 債権各論，親族・相続），商法（総則・商行為，会社法， │ │
│  │ 手形法・小切手法，保険法・海商法），金融商品取引法， │ │
│  │ 民事訴訟法，民事執行法，民事保全法，破産法，刑法   │ │
│  │ （総論，各論），刑事訴訟法，少年法，刑事政策，労働法， │ │
│  │ 信託法，知的財産法，租税法，経済法，消費者法，社会保 │ │
│  │ 障法，国際法，国際私法，国際民事訴訟法，国際取引法  │ │
│  │ ……                                        │ │
│  └─────────────────────────────────────────┘ │
└─────────────────────────────────────────────┘


┌─────────────────────────────────────────────┐
│        基 礎 法 学                             │
│  ┌─────────────────────────────────────────┐ │
│  │ 法哲学，法社会学，法思想史，法制史，比較法，外国法  │ │
│  │ （英米法，フランス法，ドイツ法，中国法，イスラム法……） │ │
│  └─────────────────────────────────────────┘ │
└─────────────────────────────────────────────┘
```

図 1-1　法学のさまざまな分野

　法学の分野は大きく基礎法学と実定法学に分けられます。基礎法学は一定の法分野に限らず，法について広い視野から考えるもので，法哲学，法社会学，法思想史，法制史，比較法といった分野があります。外国法研究も一般にここに分類できます。実定法学は一定の法分野（たとえば憲法，行政法，民法，商法，刑法，民事訴訟法，刑事訴訟法，国際法）につき，そのあり方を研究するもので，法学部に設置される講義の中心を占めています。

そこで，私は，大学に入学したばかりのまったくの初学者，つまり，これから法をゼロから学ぼうという方々を念頭に置き，そういった若い読者（生涯学習に年齢は関係ありませんがこの点については年長の読者の御海容を乞います）にお伝えすべき「いちばん大切なこと」は何だろうか，ということを，最初に問題にしたいと思います。法学のもつさまざまな魅力をどんどん煎じ詰めていって，最後の最後に残るものをひとつだけ取り出すとしたら，それはいったい何か，ということです。

　その問いに対する答えは，法学者や法律家一人ひとり違っているかもしれませんが，私自身は，つまるところそれは，「自分と法がつながっているという実感をもてること」，あるいは別の言い方をすると，「自分の心の深いところに，法を動かす究極の力がひそんでいることに気づくこと」ではないか思います。

　このことを，具体例をまじえつつ，これから説明していきましょう。

1.1.3 「法」と「法律」

　その前にひとつだけ，みなさんの理解の混乱を避けるために説明しておきたいことがあります。それは，「法」と「法律」という言葉の使い分けについてです。

　「法」と「法律」という言葉は，日常用語の世界では，ほとんど区別しないで使われます。でも，この2つを意識して使い分けることもあります。そのような使い方をした場合，「法」という言葉が意味する対象は，「法律」より広く深いのです。日本の「法」の中身は何かといったら，みなさんがまっさきに思い浮かべるのは「国会が制定する法律」でしょう。誰もが知っている，第1条，第2条，……というふうに条文が整然と並んでいる，例のあれです。そのような「法律」について学ぶことが，「法」を学ぶことの中心（あるいは基本）であるということは，間違いありません。

　しかし，「法」は「法律」とまったく同じものかというと，そうではありません。法は，法律だけに限られないのです。国会が制定する「法律」はもちろんのこと，地方議会が定める「条例」，国際社会の約束で

　法と道徳の関係は単純ではありません。たとえば殺人や窃盗や強姦を犯罪とする
刑法の規定は普遍的な道徳と合致します。それに対してたとえば車両の左側通行を
定める道路交通法の規定は，道徳とは関係なく，最初に決めるときに右側通行にし
てもかまわなかったはずです。このように，法規定の中には道徳的な基礎を強くも
つものと，道徳とはあまり関係はないけれども社会生活上の必要性から決められて
いることがあります。

　また，両者が密接な関係がある場面でも，法と道徳では重視する側面の比重が違
います。法は主に外面にあらわれた行為を重視し，道徳は主に内心のありようを問
題とします。たとえば殺人を「決意」しただけでは，道徳的には罪なことかもしれ
ませんが，法律的な意味での犯罪にはなりません。たとえば殺人のために凶器を買
うといった客観的行為があって初めて法は介入できるのです（第2章参照）。

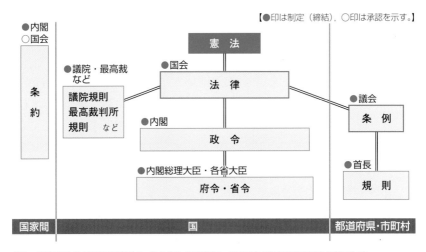

（注）　川﨑政司『法律学の基礎技法 第2版』（法学書院，2013年）60頁掲載の図を参考に作成。

図1-2　**日本における法規範の仕組み**
　条約と憲法のどちらの効力が優位に立つかについては議論がありますが，一般には，
　条約の国内法としての側面は法律同様に違憲審査の対象となる（その場面では憲法が
　優位に立つ）と考えられています。

ある国家間の「条約」，内閣が制定する政令および各省大臣が発する省令（これらを「命令」と総称します），議院や最高裁判所（最高裁）が制定しているさまざまな規則（衆議院規則，刑事訴訟規則など）も法の一種です。

それだけではありません。同じ慣習が長年繰り返されて法律と同じ効果が認められるようになったもの（慣習法といいます）もあります。これも広い意味の「法」に含まれます。

さらには，市民相互の約束（契約）の内容も，法律と同じ効果をもつことがあります。ただし，いったん約束したらどんな約束であってもすべて法律と同じ効果をもつかというと，そうではありません。たとえば，永遠の愛を誓った恋人が心変わりしても，裁判所に訴えて「愛すること」を命じてもらうことはできません。このような約束は，裁判所という国家機関を通じて履行を強制することがおよそ不可能かつ不適切だからです。また，奴隷になる約束のように，人間の尊厳や社会観念に照らして，現代ではぜったいに効果を認めるべきでない約束もあります。そういった約束は「公の秩序または善良の風俗（公序良俗）に反する」約束とされ無効になります。

無効になるとはどういうことかというと，仮に，当事者の一方が「約束を守れ」（たとえば「約束どおり早く自分の家に引っ越してきて奴隷になれ」）という主張をかかげて裁判所にその強制を求めたとしても，裁判所はそのような約束の効力を認めず，当事者の主張の実現には手を貸さない（原告の請求をしりぞける）ことになります。公序良俗違反の契約は無効だということは法律ではっきり規定されていることですから，この場合は，法律自体が，私人同士の約束が法律と同じ効果をもつための外枠を決めているということになります。

社会で行われている約束のほとんどは，奴隷契約などとは違って，公序良俗に違反しない内容の約束です。たとえば，お金を借りて決められた返済期日に利息（法律上許される率の利息）をつけて返すという約束や，ある物を一定の代金で売買する約束などがその典型例です。

そのような，通常の約束をした当事者（仮にAさんとBさんとしま

クローズアップ●慣 習 法

　人々の間で慣習が繰り返されるうちに，法的な確信にまで高まったものを「慣習法」といいます。「法の適用に関する通則法」には，「公の秩序又は善良の風俗に反しない慣習は，法令の規定により認められたもの又は法令に規定されていない事項に関するものに限り，法律と同一の効力を有する」という規定（3条）があります。また，商人の営業行為に対して適用される「商法」には，「商事に関し，この法律に定めがない事項については商慣習に従い，商慣習がないときは，民法の定めるところによる」という規定（1条2項）があり，商事についての法の適用順序を，商法→商慣習→民法と定めています。いずれも慣習法が法律と同レベルの効力をもつことを明記しています。

ボックス■民法90条・91条

　（公序良俗）

90条　公の秩序又は善良の風俗に反する法律行為は，無効とする。

　（任意規定と異なる意思表示）

91条　法律行為の当事者が法令中の公の秩序に関しない規定と異なる意思を表示したときは，その意思に従う。

クローズアップ●私 的 自 治

　市民が自由な意思（法律学の世界では「意志」ではなく「意思」と表記します）の合致にもとづき，互いを拘束するルールを設定しあうことを「私的自治」といいます（第3章参照）。法はすべてをがんじがらめに決めているわけではなく，それどころか市民同士が権利義務関係を自由に設定しあえる余地を広く確保しているわけです。

す）がいたとして，Aさんが，その約束を果たしてくれなかったとします。困ったBさんが，Aさんにその約束どおりの行動をとるよう命じてほしいと訴え出たときに，裁判所はどうするかというと，2人の間にどのような約束（契約）があったかを調べ，特別な事情がなければ，その約束の内容どおりに当事者の間の紛争を裁くのが基本的なやり方です。

当事者が自分で設定した約束の内容は「その当事者の間では」法律と同じ効果をもつ（＝裁判所がその約束を守るよう違反した側に命じてくれる）わけです。つまり，その限度において，契約もまた間接的に「法」の中身になると考えることができます。

そのほか，法律の条文の解釈をめぐって，裁判所（とくに最高裁判所）が出した先例となる判断（これを「判例」といいます）もたいへん重要で，下級裁判所がその後，その判例に従って判決を出しつづけるのであれば，これもまた「事実上は一種の法として機能する」といえます。

こういった分厚く重層的なルールの全体，とくに裁判所が拠り所とするルールを総称して「法」といいます。本書でいう「法」という言葉は，そのような意味で使っています。くどいようですが，「法」は「法律」の条文だけに限られません。この点をくれぐれも誤解のないようにしてください。

1.1.4 法学は「暗記」科目か

さて，どのような種類の法であれ，それが私たち人間の生み出したルールであるかぎり，厳格な論理や専門的な技術の背後に，ルールと私たち自身との人間的つながりや，それを生成し運用するという人間的感情の契機がひそんでいることは，「あたりまえ」といえば「あたりまえ」のことです。

でも，なぜか，法とそれを研究する法学のもつ人間味は，世間では理解されていないふしがあります。あとで具体的に話しますが，「人の心のありようが法に作用する」仕方は間接的なものなので，法学のもつ味わい深いこの魅力には，なかなか気づいてもらえません。「法律は無味乾燥だ」とか，「法律家は冷たくて人情を解さない」となんとなく考え

クローズアップ ● 判　例

　法律の条文の解釈をめぐって，裁判所（とくに最高裁判所）が出した先例となる判断で，その後の裁判所の判断の参考とされるものを「判例」といいます。

　最高裁は，判例とすべき裁判を選んで「最高裁判所判例集」を出版しています。扱う内容が民事事件か刑事事件かに従って「最高裁判所民事判例集」と「最高裁判所刑事判例集」に分かれており，この2つを引用する際にはそれぞれ「民集」「刑集」と略します。

　なお，最高裁が判断を下したことがない論点については，高等裁判所の判断が地方裁判所以下の裁判所に対する判例として機能することもあります。

図1-3　**最高裁判所判例集**

コラム ● さまざまな「法」——(1)

　法をさまざまな観点から分類する次のような用語を覚えておくといいでしょう。

① 実定法／自然法

　ある社会で実際に行われている人間の作った法（時代や空間で変わる）を「実定法」といい，人為ではなく nature（自然・本性）にもとづき，時代や空間を超えて普遍的に効力をもつ法を「自然法」といいます。

② 成文法／不文法

　国会が制定する法律のように明文のかたちで記録されている法を「成文法」，慣習法のように明文にはなっていないものを「不文法」といいます。

③ 実体法／手続法

　権利義務や犯罪の成立について定める法を「実体法」といい，その実体法を適用し実現する手続を定める法を「手続法」といいます。たとえばどういう場合にどのような犯罪が成立すると決めている刑法は実体法，犯罪を認定し処罰するための手続を定める刑事訴訟法は手続法です。なお，「実体法」は，前述の「実定法」と見た目も音も混同しやすいので，とくに注意してください。

((2)へつづく)

ている人は，けっこう多いのではないでしょうか。

　このことには，いま説明したばかりの，法と法律の違いについての誤解も関係しているように思います。たとえば私は法学部に入ったばかりの1年生に「先生は六法全書を全部暗記しているのでしょうか？」と質問された経験がなんどもあります。

　この質問の背後には，法を学ぶことは法律の条文を学ぶことに尽きていて，しかも，法律は森羅万象すべての解決ルールをあらかじめ規定しているから，その条文を暗記していれば，どんな紛争も数学の問題を解くように解決策が決まるという誤解があります。もし，仮に，それが法学のすべてだとしたら，法学の勉強はさぞ退屈でしょう。

　もちろん，法律の条文を全部暗記していたら便利でしょうが，誤解をおそれず断言してしまうと，法学の勉強には，法律の条文の「暗記」はあまり必要ではないのです。たしかに，六法をなんども引いているうちに，自然と覚えてしまう条文はあります。でも，それはわずかにすぎません。法学部教員だけでなく，法律実務家，すなわち，裁判官も検察官も弁護士もきっと同じだろうと思います。彼らは，みな法のプロですが，法律の条文を頭から丸暗記などはしていないはずです。

　では，法律専門家とそうでない人の違いは，いったいどこにあるのでしょうか。それは，簡単にいえば，ある問題が生じたときに，それが法の観点からどのような問題にかかわるかを判断し，関係する法律の条文を法令の密林の中から要領よく探し出し，判例や学説を参照しつつ，その条文の文言を「解釈」することによって，その「意味」を理解し，1回限りの個性的な事実に対して，一般性をもったルールを「適用」する技能をもっているかどうかの違いです。

　そのような技能は，法律の条文そのものよりむしろ，その基礎にあって，それを組織立てている法原理の構造をよく知っているかどうかにかかっているのです。つまり，法学の勉強において重要なのは，条文の字面を覚えることではなく，条文が表現しているさまざまな法原理と，それらの諸原理の立体的な相互関係を理解することだということができます。

④ 一般法／特別法

Aという法律とBという法律があったとして，Aが，Bの適用領域を含みつつ，より広い領域に適用されるという関係にあるとき，Aを「一般法」，Bを「特別法」と呼びます。たとえば，取引一般に適用される民法と，取引のうちとくに商取引に適用される商法についていえば，民法が一般法，商法が特別法です。この関係は相対的なもので，たとえば商取引のうち手形取引に適用される手形法を考えると，こんどは商法が一般法で手形法が特別法となります。特別法の適用領域については，特別法が一般法に優先して適用されます。この関係のことを「特別法は一般法を破る」といいます。

⑤ **公法／民事法／刑事法／社会法／産業法／条約**

上の分類は有斐閣が発行している『有斐閣 判例六法』の法分類の仕方です。ちなみに「六法」というのは市販の法令集のことです。プロが使う分厚いものから，学部生向けの小ぶりのもの，多種多様な分野ごとの専門家が使う法令集など，「○○六法」と名のつくものが多数出版されています。もともと「六法」とは，憲法，民法，刑法，商法，民事訴訟法，刑事訴訟法という6つの基本法典を指す用語でしたが，転じて法令集一般を指すようになりました。

たくさんある法令を，どの範囲でひとまとめとし，それら全体にどのような名前をつけるかは，六法編集者それぞれの考えにより微妙に違うことなので，ひとつの六法の分類法が絶対的なものではないことに注意してください。

また，分類項目名について注意してほしいことがあります。たとえば「民法」という項目のもとに，「民法」という名前の法律だけでなく，不動産登記法，消費者契約法，製造物責任法といった多数の法律も分類されていることがあります。つまり，「民法」は「法分野の名前」として広い意味で使われるものであると同時に「ひとつの法律の名前」として狭く使われることもあるのです。同じように，刑法や商法も広狭二義に使われていますので，これらの言葉に出会ったときは，どちらの意味であるかつねに注意する必要があります。

1.2 裁判のダイナミズムと法学の存在意義

1.2.1 裁判における「事実」

　事実に法を適用して結論を出す。これが裁判の基本構造です。口でいうと簡単ですが、これは実際には容易なことではありません。そもそも「事実」とは、いったい何でしょうか。この問いは一見馬鹿ばかしいものですが、法学とは何かを考えるにあたって、たいへん重要な意味をもっています。

　法を適用する手続は、基本的には裁判によります。殺人事件の被告人を裁く裁判（このように犯罪の有無を認定し刑罰を科すかどうか決める裁判を「刑事裁判」または「刑事訴訟」といいます）であっても、金銭の貸し借りをめぐるトラブルに端を発した裁判（このように市民同士の紛争を裁く裁判を「民事裁判」または「民事訴訟」といいます）であっても、裁判によって法を適用します。では、その事件や紛争についての「純粋に客観的な事実」、あるいは、「絶対的な事実」というものが、裁判という手続との関係で、はたして存在すると断言できるでしょうか。

　全知全能の、たとえば神のような存在からみれば、そのような「たったひとつの客観的事実」または「真実」が、あるいは存在するのかもしれません。しかし、裁判という事後的・人為的な手続を通じ、証拠（殺人に使われた凶器や金銭貸借契約書といった物証だけでなく、人の証言なども含まれます）にもとづいて、人間が「認定」する「事実」は、無限に豊かで、微妙な色彩と陰影を帯びたナマの事実の、ほんの一部分だけを抽出したものにすぎないのです。

　さらにいえば、もめごとはひとつであっても、紛争の当事者たちが、それぞれまったく違った「物語」を法廷で語る、ということもよくあることなのです。その場合、どちらかが嘘をついているかというと、必ずしもそうではありません。どちらの話も、その人にとっては「本当の話」である、ということもよくあることなのです。

　このことは、みなさんが誰かと喧嘩をしたときのことを考えてみれば納得できるでしょう。喧嘩をしたときは、ぜったいに相手が悪く、自分

表 1-1　裁判所で扱われている代表的な事件

1．民事事件
　貸したお金を返してほしい，賃貸借契約違反をしているアパートの借主にその部屋から出ていってほしい，売った物の代金を支払ってほしい等の民法や商法に関係する領域の紛争事件。民事事件の中には，解雇や賃金不払に関する紛争などの労働事件，特許権や著作権をめぐる紛争などの知的財産権事件，医師や病院の医療ミスに関する医療過誤事件，借金が増えて債務返済不能になった場合に債務や財産を清算する破産事件等々，広範囲にわたる事件が含まれる。

2．刑事事件
　殺人罪，傷害罪，窃盗罪，強盗罪，詐欺罪，住居侵入罪，脅迫罪，放火罪等の刑法典上の犯罪や，取締役の特別背任罪，覚せい剤や麻薬に関する犯罪，出入国管理法に違反する犯罪等の刑法典以外の法律に規定された犯罪に関し，被告人が有罪か無罪かを決め，有罪の場合は科すべき刑罰を決める手続に関する事件。

3．行政事件
　国や地方公共団体（都道府県市町村）が行った処分に不服な人がその取消しを求める等の行政についての紛争に関する事件。

4．家事事件
　離婚や相続等の家族（夫婦，親子等）についての紛争に関する事件。

5．少年事件
　罪を犯した少年や犯すおそれのある少年等について，非行を防止するためにその少年に適した措置について決める手続に関する事件。

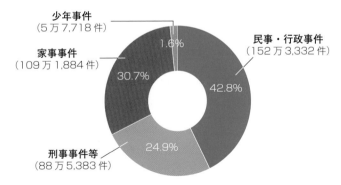

少年事件
（5万7,718件）

家事事件
（109万1,884件）

民事・行政事件
（152万3,332件）

刑事事件等
（88万5,383件）

1.6%
30.7%
42.8%
24.9%

（注）　総数は355万8,317件。民事・行政及び家事事件は件数，刑事事件等及び少年事件は人員である。刑事事件等には医療観察事件を含む。家事事件には高等裁判所が第一審として行う家事審判事件及び高等裁判所における家事調停事件を含む。
（データ出所）　裁判所ウェブサイト

図 1-4　裁判所で扱われている事件の内訳（2019年）

は悪くないと思うものです。でも，くやしいことに，相手も同じことを
いいます。喧嘩をした相手も心底そう思っているからです。

　裁判という場では，当事者や証拠が語るこういった多数の物語をもと
に，ひとつの物語，すなわち「事実」を，人為的・事後的・合理的に再
構成し，そこに法律を「適用」することになります。

1.2.2　法律の適用における「解釈」

　法律の適用にあたっては，「解釈」という作業を経ないかぎり，法律
の条文の意味を一義的に決定できないのが普通です。

　たとえば，「人を殺す」ということについてみてみましょう。殺人罪
を規定するわが国の刑法の条文は，「人を殺した者」に刑罰を科すとし
ています。こんな単純明快な規定にも，「解釈」は必要です。

　いまここに，自分の不注意でボートから海に落ちて溺れかけている子
どもがいるとします。ボートに一緒に乗っていた大人が，見て見ぬふり
をして，その子を助けなかったらどうでしょう。その子が死んでしまっ
たら，助けなかった大人は「人を殺した」といえるのでしょうか。その
大人が，その子の父親だったらどうでしょう，学校の先生だったらどう
でしょう，はたまた，赤の他人だったらどうでしょう。赤の他人にもい
ろいろあって，オリンピックの水泳選手とカナヅチの人では結論が違っ
てくるでしょうか。じつはこの点は，法律学者の間でも意見が微妙に分
かれるのです。

　あるいは，マネキン人形だと思ってふざけてそれを狙って鉄砲を撃っ
たら，じつはそれが本当の人間で，不幸にも弾が命中し，その人が死ん
でしまったとします。これは「人を殺した」といえるでしょうか。たし
かに客観的には，人が死んでいます。でも，マネキンだと思って発砲し
た人には，人を殺すつもりはまったくなかったのです。このような場合
は，殺人罪にはなりません。殺人罪が成立するためには，客観的に人が
死んだだけではだめで，その原因を与えた人に「人を殺す意思」（殺人
の故意）が要求されるのです。

　では，AさんとBさんが並んで歩いているところを，Aさんを殺そうと

（殺　人）

199条　人を殺した者は，死刑又は無期若しくは5年以上の懲役に処する。

コラム ●条文と解釈

　法律の条文はたいへん抽象的です。その一方で，現実に社会で起きる事件は，どれも個性的で複雑なものです。そのため，その豊かな現実に法律の規定をあてはめようとすると，いろいろな問題が起こります。

　たとえば，窃盗罪という犯罪があります。法律（刑法235条）には，「他人の財物を窃取した者は，窃盗の罪とし，10年以下の懲役又は50万円以下の罰金に処する」と書いてあります。銀座の高級宝石店の展示ケースから何億円の宝石を盗んでも，コンビニでポテトチップスを万引きしても，「他人の財物を窃取」したことになりますので，犯罪の名前は，どちらも同じ窃盗罪です。

　さて，犯罪が最後まで行われることを「既遂」といい，途中で終わってしまうことを「未遂」といいますが，窃盗罪という犯罪は，既遂だけでなく未遂も処罰されます。ドロボーをしてしまえば窃盗既遂，ドロボーしようとしたが失敗すれば窃盗未遂です。

　ここで窃盗未遂罪が成立するかどうか，という判断が難しい例を考えてみましょう。Xというスリが，Aさんという人から財布をすろうとして，Aさんのズボンのポケットに手を突っ込んだとたんに見つかって，つかまったとします。そのときに，Aさんのズボンのポケットには，なにも入っていなかったとしたら，どうでしょうか。さらにいえば，ズボンのポケットには何も入っていなかったが，上着のポケットには10万円入りの財布が入っていた場合と，その日Aさんは金目のものは何も持っておらず，どのポケットも全部空だった場合とで，話は違うのでしょうか。

　じつはこの答を出すのはかなりの難問で，法律の条文をいくら読んでも，はっきりとした答は出てこないのです。このような「唯一の正解のない」世界は，○×式試験に慣れた者には，なかなか入っていきにくい世界です。私も最初はかなりとまどいました。しかし，そのうちに，大学の講義は，問題を提起する場であって答えを教えてくれる場所ではない，ということがわかってきました。また，大学では「何がわからないかを知ること」や，「それに対して自分はどう考えるか」が大事だ，ということにも気づきました。そうして初めて，大学の講義が面白くなりました。

思って後ろから発砲したら，Bさんに命中し，Bさんが死んでしまった場合はどうでしょうか。こんどは犯人に，人を殺すという意思はあります。ただ，それはあくまでもAさんを殺す意思であって，Bさんを殺す意思ではなかったのです。このような場合は殺人罪を適用していいのでしょうか。この問題の結論も，条文そのものからは自明なものとして引き出すことはできず，じつは専門の法学者の間でも意見が分かれています。

　これらは，ほんのわずかの例を挙げただけですが，抽象的な条文の規定を，具体的な事実にあてはめようとすると，同様の問題はいくらでも起こります。そして，それを解決する前提として，「人を殺す」とはどういうことかという一般的な議論，すなわち条文の「解釈」が，どうしても必要になってくるわけです。

1.2.3　裁判における「正義」とは

　このような問題を広い視点から取り上げた人に，ジェローム・フランクというアメリカの裁判官がいます。彼が書いた『裁かれる裁判所』（古賀正義訳，上・下巻，弘文堂，1970年。原題：*Courts on Trial*）という本には，「R×F＝D」という定式が出てきます。Rは "rule" すなわち「法ルール」，Fは "fact" すなわち「事実」，Dは "decision" すなわち「判決」を表します（図1-5）。フランクは，裁判の現実をみると，RとF，すなわち「法ルール」と「事実」は，どちらも客観的で安定したものではなく，主観的なものであったり不安定なものであったりするといっています。そうだとすると，両者をかけ合わせて出てくるDも，いっそう主観的で不安定なものになるでしょう。

　私は，この議論に，半分だけ賛成します。たしかに，誰の目にも一義的に決定できる法ルール（R）も，純粋に客観的に確定できる事実（F）も，存在しないことは間違いないだろうと思うからです。

　でも，その一方で，裁判というフォーラムで，当事者や法律専門家たちが，互いの信じる「正しい法解釈」や「本当の物語」について，証拠を出しあいながら，思う存分主張を尽くしたうえで，最終的に構成され，析出されたRとFは，たとえ当事者の一方が最後まで納得しなかった

　裁判所が法を適用する際に「これが法である」として援用できるものを,「法の源泉となるもの」という意味で「法源」といいます。「法源は何か」という議論は,本文で述べた「法とは何か」という議論と,実質的にはほとんど重なります。法律や条例などの議会が制定した成文法が法源であることは間違いないですが,しばしば問題になるのは判例の法源性です。本文では,判例が「事実上は一種の法として機能する」という微妙な表現を使いました。判例が法または法源であるかについては,法や法源の定義の仕方によりイエスともノーともいえる可能性があります。

　イギリスで発達したコモン・ローと呼ばれる判例法体系には,「先例拘束性」という,過去の裁判所の先例に同じ類型の事件についての判断が拘束されるという法ルールが歴史的に存在していました。現在はその原則は以前ほど厳格ではなくなっていますが,英米法諸国で先例の果たす役割はあいかわらず大きいものがあります。日本法には先例拘束性の原理がありませんので,その意味では判例は直接の法源ではありません。しかし,判例違反は上告理由（刑事訴訟法 405 条）や上告受理申立ての対象になる（民事訴訟法 318 条）うえ,裁判にたずさわる法律家は判例を意識しているので,わが国においても,判例は事実上の法源性をある程度もっているといえます。

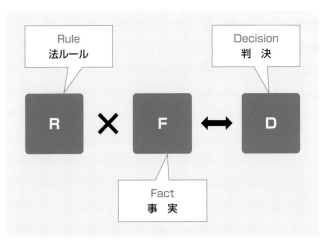

図 1-5　フランクの定式

としても，たんなる「個人の主観」よりも一段上のレベルに位置するもので，その限りにおいて客観性や普遍性を帯びたものだろうと思うのです。いいかえると，複数の「主体」の間の相互作用を通じて構成されたという意味で，きちんとした裁判手続を経て裁判所が解釈し認定したRやFは，仮にそれがどちらかの当事者の当初からの主張と一致するものだったとしても，もはやそれはたんに主観的（subjective）なものではなく，むしろ間主観的（inter-subjective）なものになっており，その意味において最初より客観的なものになっていると理解すべきではないでしょうか。

　法学は「正義」を追及します。正義という意味を表す英語の "justice"（ジャスティス）には，まさに「裁判」という意味もあることからも，両者の密接なつながりがわかります。その「正義」は，自然科学的真理や，宗教的神秘とは違って，説得と納得という，人間主体相互のコミュニケーションを通じてのみ構成可能なのです。それはまさしく間主観的な手続というべきです。

　法学は，そのような過程全体を，研究対象に取り込んでいます。妥当な結論を，公正な手続にのっとり，いかに説得的に導くか——それを追求する過程では，ときにDからさかのぼって，R×Fを構成しなおすことだって，ありうるのです。フランクの定式は，数学的な表現形式を使っていますが，その方程式の両辺の間には，じつは不断のフィードバック関係が存在しています。

　こうしてみると，「正義」には少なくとも2つの側面があることに気づきます（図1-6）。ひとつは最終的に出てくる結論そのものが妥当かどうかということです。これを「実体的正義」といいます。もうひとつはその結論を導き出した手続，プロセスが公正であったか，という問題です。これを「手続的正義」といいます。裁判にかかわる者の単なる個人的直観は，それだけではまだ普遍性をもちません。だからこそ，他人と共有できる「論理」を使って，実体的正義と手続的正義をともに視野に入れつつ，緻密に議論を進める必要があります。そこに，正義の問題と密接にかかわる法学が誕生する必然性があるのです。

　みなさんも，弁護士を回答者にした法律相談の TV 番組を見たことがあると思います。弁護士が 1 人だけ出てきて，法律はこうなっていますと断定的に答える場合もあります。その事例についての解決が法文に明記されていたり，判例（裁判所の立場）が確定していたりする場合はそれが可能です。しかし，イエスかノーかという単純な二分法で判断できないケースも実際にはたくさんあります。複数の弁護士に違った意見を述べさせたうえで，裁判所がその主張を認める可能性を予測するにとどめる場合もありますし，回答者の弁護士は 1 人でも，「裁判所がその主張を認める可能性は高い」というふうに，明確な断定を避ける回答をする場合もあります。

　答えがひとつではないことは，法の世界ではよくあることです。つまり，あえて断定しない（断定できない）という番組の演出は，視聴者にとってもどかしいものかもしれませんが，むしろ法の正しい姿を伝えるものなのです。

　法学は，言葉を使って，論理的に推論し，具体的な社会における正義を実現することをめざしていますので，文章力や数学的思考力，歴史の知識などが，広く関係してきます。事件や事故を理解するのに，化学や物理の知識が役に立つことだってあります。すべての学問分野に精通することは事実上難しいでしょうが，法学そのもの以外にも幅広い学問分野に興味をもつことをお勧めします。また，このことは，法学がさまざまな素養をもった人たちを受け入れることができる間口の広い学問だということを示しています。

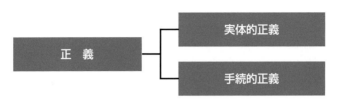

図 1-6　正義の 2 つの側面

法が動く現場

1.3.1　最高裁の判例変更：尊属殺人重罰規定違憲判決

　フランクの定式との関係で，もうひとつ強調すべきは，時間の経過と，それによる社会の変化に伴って，法ルールRの内容は変化する，ということです。先例となる裁判所（とくに最高裁）の法解釈を「判例」といいますが，判例は時とともにその内容が微妙に変化したり，ある日はっきりと変更されたりします。法律の条文も，古いものが徐々に廃止され，日々新しいものが生まれています。ここに法の世界のもうひとつのダイナミズムが存在します。

　わが国の裁判史上もっとも著名な判例変更の例は，昭和48（1973）年に最高裁判所が出した「尊属殺人重罰規定違憲判決」だと思います。後述しますが，そのきっかけとなった事件が発生した当時，わが国の刑法には，通常の殺人罪（当時の法定刑は「死刑または無期もしくは3年以上の懲役」，現在は下限が「5年以上の懲役」）のほかに，尊属殺人罪という犯罪が別にありました。尊属殺人罪は，自己または配偶者の直系尊属（父母，祖父母など）を殺す罪で，その法定刑は「死刑または無期懲役刑」となっていました。

　その事件の判決は，このような尊属殺人罪，つまり親や祖父母を殺す罪に対する刑罰が，通常の殺人罪に対する刑罰と比べて，あまりにも重過ぎるので，それは日本国憲法が規定する「法の下の平等」に違反した不合理な差別といわざるをえず，したがってその規定は無効だと判断しました。

　そのような判例があることは，高等学校までの教育で知る機会が多いはずなので，みなさんの中にもご存知の方が多いことでしょう。でも，その判決が出る以前から同じ問題は裁判所に提起されており，最高裁がそれまでずっと「尊属殺人罪規定は憲法違反ではない」という立場をとっていたということは，案外知られていないのではないでしょうか。

　つまり，尊属殺人罪規定は合憲であるというのが，従来の判例だったのですが，最高裁は昭和48（1973）年の判決で，自らその判例を変更したのです（28頁の**ボックス**に示した判決文のいちばん最後に，「この

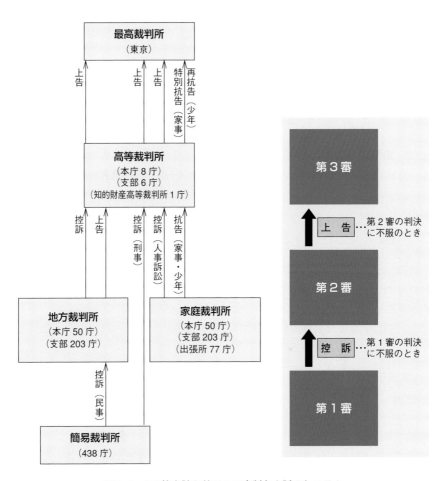

図 1-7　**1.3 節を読む前に：三審制と上訴のシステム**

わが国では，当事者が望めば原則として 3 回まで裁判を受けられる「三審制」が採用されています。裁判所の判断に対して上級の裁判所に不服を申し立てることを「上訴」といいます。第 1 審の裁判所の判決に不服があるときは，第 2 審の裁判所に上訴できます。これを「控訴」といいます。さらに，第 2 審の判決に不服があれば第 3 審の裁判所に上訴できます。これを「上告」といいます。つまり控訴も上告も上訴の一種です。上級審の裁判所は下級審の裁判所の行った裁判を審査する権限をもち，上級審の判断は当該事件については下級審を拘束します。上級審の裁判所が下級審の裁判所に裁判のやりなおし（破棄差戻し）を命じたときは，その事件については，下級審は上級審の判断に従わなければなりません。

見解に反する当審従来の判例はこれを変更する」と書かれていることをご確認ください)。

　では、どうしてわが国の最高裁は、急に正反対の立場に転換したのでしょうか。それを理解するためには、そのような抽象的な憲法判断が、具体的にはどのような事件を裁くために出されたのか、ということをお話ししないわけにはいきません。

1.3.2　事件の概要

　その事件は、ごく簡単にいってしまえば、昭和43（1968）年栃木県に住むある女性が実の父親の首を絞めて殺害した、というものだったのですが、被告人となった女性（Ａさんとします）が犯行に至った経緯を詳しく知ると、それはなんとも悲惨で、心が痛む話なのです。

　裁判所が認定した事実をかいつまんでお話ししますと、被告人であるＡさんは次女なのですが、満14歳になって間もない中学2年生のときに、実の父親にレイプされてしまいます。そしてその父親は、その後もいやがる娘に肉体関係を強要しつづけました。Ａさんはそのことを母親に訴え、母親もなんとか夫の非道な行いを阻止しようとしますが、父親は耳を貸さず、母親や親類の人の援助でＡさんがその家を脱出したことも再三に及んだものの、その都度、父親に連れ戻されてしまいます。そのうち母親は、そのような父親に、すっかり愛想を尽かしてしまい、自ら家を出ていってしまいます。

　その後、Ａさんは、実の父親との間に5人の子までもうけるに至り、傍目にも親子ではなく夫婦と映っていたようです。しかしあるとき、家計を助けるために印刷工場に働きに出たＡさんは、そこで同僚の男性と相思相愛の仲になり、ついには結婚の約束をするに至ります。そして、どうにか平穏裡に父親との関係を清算し、人並みの幸福を得たいと考え、父親にその結婚話を持ち出したところ、父親は、「相手をぶっ殺してやる」などと怒鳴り、その後は仕事を休んでＡさんを監視しつづけ、外出もさせず、連日飲酒してＡさんを脅迫し、容赦なく性的にも精神的にも虐待したのです。

　最高裁判所は，以前とっていた自らの判例の立場と違う判断をして，自らの判例を「変更」することがあります。最高裁はふだん３つの小法廷（それぞれの法廷に裁判官が５人ずついる）に分かれて裁判をしていますが，一定の判断をするときは，小法廷では裁判をすることができず，15人の裁判官全員で構成する大法廷で裁判をすることになっています（裁判所法10条）。

　具体的には，①ある法令や処分が憲法に適合しているかどうかを判断するとき（すでに大法廷で合憲の裁判がなされており，それと同じ判断をするときは除く），②それ以外で法令・処分が違憲であると判断するとき，そして，③「憲法その他の法令の解釈適用について，意見が前に最高裁判所のした裁判に反するとき」（10条３号）は，大法廷で判断しなければいけません。最後③の場合が，いわゆる判例変更です。

ボックス ■ 尊属殺人罪（刑法200条，現在は削除）

200条　自己又は配偶者の直系尊属を殺したる者は死刑又は無期懲役に処す

＊15頁にあげた刑法199条と比較してみてください。なお「尊属」とは自分より先の世代に属する人（父母・祖父母・おじおば等）を指します。「直系」とは血統が直につながっている親族（……祖父母―父母―子―孫……）を指します。

ボックス ■ 憲法14条１項

14条１項　すべて国民は，法の下に平等であつて，人種，信条，性別，社会的身分又は門地により，政治的，経済的又は社会的関係において，差別されない。

＊「門地」とは，その人の出自・家柄のことを指します。

このような状況のもとで，心身ともに疲労困憊の極みに達していたＡさんは，ある夜，泥酔した父親と口論になり，父親が寝床から身を起こして肩にしがみついてきたので，とっさに股引の紐で絞め殺してしまいます。第１審の判決文の一部を引用すると，「被告人は，自分のこれまで嘗めてきた幾多の苦悩を想起し，父親がこのように執拗に被告人を自己の支配下に留めてその情欲の犠牲とし，あくまで被告人の幸福を踏みにじってかえりみない態度に憤激し，同人のあるかぎり同人との忌まわしい関係を断つことも，世間なみの結婚をする自由を得ることもとうてい不可能であるとおもい，この窮境から脱出して父親から自由を得るためには，もはや殺害するよりほかすべはないものと考え」，とっさに紐で首を絞めてしまったというのです。

1.3.3　最高裁はどう考えたのか

　さて，裁判所はＡさんを，どう裁いたのでしょうか。当時存在した尊属殺人罪規定には，その刑罰は死刑と無期懲役しか規定されていませんでした。ただし，状況によっては，最大２回まで刑罰を減らすことができます。その場合，刑罰の減らし方も法律で決まっていて，無期懲役刑は２回の操作で懲役３年６月まで軽くすることができます。

　みなさんは，Ａさんを３年半も刑務所に入れておくべきだと，はたしてお考えになるでしょうか。たぶん，そうはお考えにならないだろうと思います。釈然としない気持ちが残る人が多いでしょうし，そのような結論は正義に反すると考える人もいることでしょう。でも，Ａさんがまさに父親を殺す故意をもって父親を殺してしまったことはたしかですし，無罪を言い渡すべき法律上の根拠も，残念ながらはっきりとは見当たらないのです。

　それなら，名目上は懲役３年６月にしておいて，そのかわりに執行猶予をつけてやればいい，と考える人もいるかもしれません。執行猶予がつけば，一定期間を無事に過せば，刑務所に入らずに済みます。しかし，これまた困ったことに，わが国の法律では，３年以下の懲役でないと，ぜったいに執行猶予がつけられないことになっているのです。

■**第 1 審**（宇都宮地方裁判所昭和 44（1969）年 5 月 29 日判決）

尊属殺人罪規定の憲法適合性：**違憲**

罪名：**普通殺人罪**（刑法 199 条）

主文：**刑の免除**（＊有罪判決の一種だが文字どおり刑が免除される）

↓ 【検察官の控訴】

■**控訴審**（東京高等裁判所昭和 45（1970）年 5 月 12 日判決）

尊属殺人罪規定の憲法適合性：**合憲**

罪名：**尊属殺人罪**（刑法 200 条）

主文：**原判決破棄，懲役 3 年 6 月**

↓ 【被告人の上告】

■**上告審**（最高裁判所昭和 48（1973）年 4 月 4 日判決）

尊属殺人罪規定の憲法適合性：**違憲**

罪名：**普通殺人罪**（刑法 199 条）

主文：**原判決破棄，懲役 2 年 6 月，執行猶予 3 年**

図 1-8　事件に関する裁判の経過

クローズアップ ● 減軽の仕組み

　刑法上，刑の減軽には 2 種類があります。法律上の減軽（心神耗弱，未遂，自首の場合などは，刑を減軽しなければならないこと，または，減軽できることが法律で明記されている）と酌量減軽（裁判官が情状を酌量して減軽できる）です。この 2 つを同時に用いることもできるので，法定刑は最大 2 回まで減軽できます。

　尊属殺人罪の法定刑の下限は無期懲役です。それに法律上の減軽を加えると，処断刑の下限は「7 年の懲役」となります（刑法 68 条 2 号による）。さらにそれに酌量減軽を加えると，処断刑の下限はさらに「3 年 6 月の懲役」となるのです（同条 3 号）。

この事件を担当した裁判官たちは，法を文字どおりに適用するかぎり，どんなに寛大に取りはからっても，Ａさんを最低でも３年６月の実刑に処さねばならなかったのです。第２審を担当した東京高等裁判所は，やむなく３年６月の実刑判決を言い渡しました。判決を下した裁判官は，さぞ心苦しかったことでしょう。

　ところで，この事件で被告人を弁護したのは，大貫大八という栃木県の弁護士でした。大貫氏は，最高裁に提出した上告趣意書の中で，尊属殺人罪は憲法違反の規定であると主張し，最高裁に「違憲立法審査権」を行使するよう訴えました。しかし，その直後病に倒れ，最高裁判決を待たず亡くなってしまいました。そのあとを引き継いだのは，息子である，大貫正一弁護士でした。正一氏は，父親である大八氏の情熱を引き継いで最高裁の法廷に立ち弁論しました。大八氏が書いた上告趣意書と正一氏の弁論は，なによりも具体的事件のもつ圧倒的な重みによって強い説得力をもち，ついには裁判官たちを動かしました。

　この判決には最高裁の裁判官15名全員が関与していますが，じつに14名もの裁判官が，従来の判例の立場を捨てて，尊属殺人罪規定は憲法違反だという立場を支持したのです。

　なお，念のためいうと，被告人はそれによって無罪になったわけではありません。彼女の行為に対しては，憲法違反の尊属殺人罪規定に代えて，通常の殺人罪規定が適用され，最終的には「懲役２年６月，執行猶予３年」という判決が下されたのです。

　このことを，先に紹介したフランクの定式に即して理解するならば，正義感覚にかなった結論 D，すなわち形式的には有罪だが実際に刑務所に行かずに済むという結論を導き出すために，裁判官たちは R の部分を動かしたのだと理解することができるでしょう。

　28頁の**ボックス**に最高裁判決の一部抜粋を掲載しています。そこには，悲惨な事件についての具体的な記述は一切なく，抽象的で一般的な議論が展開されているだけです。しかし，みなさん，どうかその議論の奥深くに隠れている，裁判官たちのハートの鼓動に耳を澄ましてみてください。

　「執行猶予」は，刑の言渡しをした場合，情状によってその執行を一定の期間猶予し，その猶予期間を無事に過ごした場合，刑罰権そのものが消滅する制度です。

　わが国の法律には，前に禁錮以上の刑に処されたことのない者などが，「3 年以下の懲役若しくは禁錮又は 50 万円以下の罰金の言渡しを受けたとき」は，「情状により，裁判が確定した日から 1 年以上 5 年以下の期間，その刑の全部の執行を猶予することができる」と規定されています（刑法 25 条 1 項）。執行猶予期間を無事に過ごした場合は「刑の言渡しは，効力を失う」ことになります（刑法 27 条）。

　逆に執行猶予中に罪を犯した場合などは，法律の規定に従い執行猶予が取り消されます（刑法 26 条，26 条の 2，26 条の 3）。

ボックス ■ 大貫大八弁護士の上告趣意書の一部

　「民主主義体制の下における親子関係は親と子が「人」として人格対等の基盤の上に相互の深い愛情と信頼の中に形成される道徳原理でなければならない。而 [しか] してこのような民主的な新しい倫理感に基く親子関係が現実に成長しつつある。このような民主的な親子関係から見れば，刑法第 200 条……は憲法第 14 条に反する違憲の条文と言わねばならない。現に御庁 [おんちょう＝最高裁判所に対する尊敬表現] は昭和 32 年の判例 [死亡した配偶者の尊属を殺そうとした事件] において……刑法第 200 条の適用を除外している。その論理構成は必ずしも一貫せず，特に刑法第 200 条には「配偶者の直系尊属」とあって配偶者たりし者とはないなどとの文理解釈は聊 [いささ] かこじつけの感がするが，刑法第 200 条……を合憲とする旧来の判例を維持しながらも如何にしてその適用を縮小しようかという努力の跡が推定できるのである。若 [も] しそうであるとすれば，百尺竿頭一歩を進めて刑法第 200 条……は憲法違反であるとの結論を出して従来の判例を変更するのが妥当であると思う。」（刑集 27 巻 3 号 311–312 頁）

＊ [　] 内は著者による補足説明。

ボックス ■最高裁判決（抜粋）

　刑法200条の立法目的は，尊属を卑属またはその配偶者が殺害することをもつて一般に高度の社会的道義的非難に値するものとし，かかる所為を通常の殺人の場合より厳重に処罰し，もつて特に強くこれを禁圧しようとするにあるものと解される。ところで，およそ，親族は，婚姻と血縁とを主たる基盤とし，互いに自然的な敬愛と親密の情によつて結ばれていると同時に，その間おのずから長幼の別や責任の分担に伴う一定の秩序が存し，通常，卑属は父母，祖父母等の直系尊属により養育されて成人するのみならず，尊属は，社会的にも卑属の所為につき法律上，道義上の責任を負うのであつて，尊属に対する尊重報恩は，社会生活上の基本的道義というべく，このような自然的情愛ないし普遍的倫理の維持は，刑法上の保護に値するものといわなければならない。しかるに，自己または配偶者の直系尊属を殺害するがごとき行為はかかる結合の破壊であつて，それ自体人倫の大本に反し，かかる行為をあえてした者の背倫理性は特に重い非難に値するということができる。

　このような点を考えれば，尊属の殺害は通常の殺人に比して一般に高度の社会的道義的非難を受けて然るべきであるとして，このことをその処罰に反映させても，あながち不合理であるとはいえない。そこで，被害者が尊属であることを犯情のひとつとして具体的事件の量刑上重視することは許されるものであるのみならず，さらに進んでこのことを類型化し，法律上，刑の加重要件とする規定を設けても，かかる差別的取扱いをもつてただちに合理的な根拠を欠くものと断ずることはできず，したがつてまた，憲法14条1項に違反するということもできないものと解する。

　さて，右のとおり，普通殺のほかに尊属殺という特別の罪を設け，その刑を加重すること自体はただちに違憲であるとはいえないのであるが，しかしながら，刑罰加重の程度いかんによつては，かかる差別の合理性を否定すべき場合がないとはいえない。すなわち，加重の程度が極端であつて，前示のごとき立法目的達成の手段として甚だしく均衡を失し，これを正当化しうべき根拠を見出しえないときは，その差別は著しく不合理なものといわなければならず，かかる規定は憲法14条1項に違反して無効であるとしなければならない。

　この観点から刑法200条をみるに，同条の法定刑は死刑および無期懲役刑のみであり，普通殺人罪に関する同法199条の法定刑が，死刑，無期懲役刑のほか3年以上の有期懲役刑となつているのと比較して，刑種選択の範囲が極めて重い刑

に限られていることは明らかである。もつとも，現行刑法にはいくつかの減軽規定が存し，これによつて法定刑を修正しうるのであるが，現行法上許される2回の減軽を加えても，尊属殺につき有罪とされた卑属に対して刑を言い渡すべきときには，処断刑の下限は懲役3年6月を下ることがなく，その結果として，いかに酌量すべき情状があろうとも法律上刑の執行を猶予することはできないのであり，普通殺の場合とは著しい対照をなすものといわなければならない。

　もとより，卑属が，責むべきところのない尊属を故なく殺害するがごときは厳重に処罰すべく，いささかも仮借すべきではないが，かかる場合でも普通殺人罪の規定の適用によつてその目的を達することは不可能ではない。その反面，尊属でありながら卑属に対して非道の行為に出で，ついには卑属をして尊属を殺害する事態に立ち至らしめる事例も見られ，かかる場合，卑属の行為は必ずしも現行法の定める尊属殺の重刑をもつて臨むほどの峻厳な非難には値しないものということができる。

　量刑の実状をみても，尊属殺の罪のみにより法定刑を科せられる事例はほとんどなく，その大部分が減軽を加えられており，なかでも現行法上許される2回の減軽を加えられる例が少なくないのみか，その処断刑の下限である懲役3年6月の刑の宣告される場合も決して稀ではない。このことは，卑属の背倫理性が必ずしも常に大であるとはいえないことを示すとともに，尊属殺の法定刑が極端に重きに失していることをも窺わせるものである。

　このようにみてくると，尊属殺の法定刑は，それが死刑または無期懲役刑に限られている点（現行刑法上，これは外患誘致罪を除いて最も重いものである。）においてあまりにも厳しいものというべく，上記のごとき立法目的，すなわち，尊属に対する敬愛や報恩という自然的情愛ないし普遍的倫理の維持尊重の観点のみをもつてしては，これにつき十分納得すべき説明がつきかねるところであり，合理的根拠に基づく差別的取扱いとして正当化することはとうていできない。

　以上のしだいで，刑法200条は，尊属殺の法定刑を死刑または無期懲役刑のみに限つている点において，その立法目的達成のため必要な限度を遥かに超え，普通殺に関する刑法199条の法定刑に比し著しく不合理な差別的取扱いをするものと認められ，憲法14条1項に違反して無効であるとしなければならず，したがつて，尊属殺にも刑法199条を適用するのほかはない。この見解に反する当審従来の判例はこれを変更する。

判決文には直接あらわれていないものの，判決の究極の原動力は，哀れな被告人を法の名のもとに裁かねばならなかった裁判官たちの，心の痛みであったに違いないのです。そして，そこには，被害者と被告人，大貫大八氏と正一氏という2組の親子が織りなした，それぞれの人間ドラマが密接にかかわっていたのです。「人の心が法を動かす」といったのは，そういうことなのです。

1.4　法学の醍醐味と法律家の誇り

　およそ人間を突き動かす究極の力は，不合理な情熱だろうと思います。しかし，そのようなナマの情熱，すなわち，怒りや喜びそして悲しみ，さらには恋愛感情といったものは，その人にとってどんなに大きなものであっても，他人にはそのままのかたちで理解してはもらえないものなのです。むしろ，その人の思いが深ければ深いほど，他人がそれを共有するのは，ますます難しくなるといってもいいでしょう。

　そこで法学は，ナマの感情をそのままのかたちで伝えることを，最初からあきらめます。そのかわり，私たち法律家は，広く理性に訴える「論理」を武器にします。そのことはけっして，法学者や法律家が人間らしさを欠いていることを意味しません。私たちは，泣いたり，叫んだり，怒鳴ったりしたい気持ちをぐっとこらえて，あくまでも静かに，しかし，なるべく普遍的な言葉で説得を試みるのです。

　人は往々にして，そのような態度をとる法律家の人間性を疑ったりしますが，それは大きな誤解です。

　なるほど，耳元で怒号すれば，人を怯えさせることはできるでしょう。でもそれによって人を納得させることはできません。なるほど，泣いてみれば，もらい泣きしてくれる人がいるかもしれません。でも，その数はけっして多くないでしょう。

　だから，法律家は，法の世界で議論するときは，最後まで怒鳴りもしなければ，泣きもしない。対立する主張があるときには，まずは両者の言い分に静かに耳を傾ける。

図 1-9　尊属殺人罪規定について違憲判決を下す最高裁判所大法廷（1973 年 4 月 4 日）
（写真提供）時事通信フォト

写真奥に 15 名の裁判官の席が並んでいます（中央は裁判長の石田和外<ruby>和外<rt>かずと</rt></ruby>・最高裁判所長官）。なお，この写真の最高裁判所は旧庁舎（1949～1974 年）で，1974 年 3 月に，本章扉に写真を掲げた新庁舎がつくられ，現在に至っています。

コラム ● 尊属殺人罪のその後の経過（平成 7 年刑法改正まで）

　尊属殺人罪規定は，最高裁昭和 48 年 4 月 4 日判決により違憲とされました。それを受けて，検察庁は，それ以後の尊属殺人事件の起訴罪名を，尊属殺人罪ではなく普通殺人罪に改めたため，事実上，本判決により刑法 200 条は使われなくなりました。

　ただし，違憲判決は司法部（裁判所）の判断であって，法律の改正は国会の仕事ですから，国会が同条を削除する改正を行わないかぎり，立法上はなお存在しつづけます。実際，刑法 200 条が削除されたのは，最高裁の違憲判決からじつに 20 年以上経った平成 7（1995）年のことでした。同年，刑法の表記が全面的に平易化された折に，尊属殺人罪，尊属傷害致死罪，尊属遺棄罪，尊属逮捕監禁罪という尊属が被害者である場合の加重規定がすべて削除されました。

そういった冷静な態度の背後には，人間理性への信頼という普遍的な人間愛と，個人的情熱を社会的な正義に変換し，昇華させたいという法律家個人の情熱が，隠れています。別のいい方をするならば，法律家は，感情をむきだしにしないことに，強い自負と誇りを抱いている，といってもいいでしょう。

「青春の学問」としての法律学

　法律や法律家にはこのような性質がありますので，法律学はしばしば「大人の学問」だといわれます。たしかに，豊かな人生経験を積んでこそ，円熟した価値判断ができる場面も多いでしょう。しかし，私はあえて，法学はむしろ「青春の学問」であるといいたいのです。

　青春時代の大事な仕事は，何でしょうか。そのひとつは，自分や他人という人間を見つめ，これからどうやって社会の中で生きていくかを模索することだろうと思います。子どものときは，早く大人になりたいと思うものです。でもいざ大人になってみると，大人になるということは，じつは寂しくて心細いことだったのだということを，しみじみ感じるものです。

　なぜ大人は寂しいのか。それは，なによりも，自分で生きていかなければならないからです。人間関係の難しさや社会の荒波の中で，大人は一人で立っていなければならないのです。比喩的な言い方をすれば，子ども時代は，満員電車に乗っているようなもので，家族や学校や地域が，周囲からみなさんを圧迫して，じつにうっとうしいものです。しかし，そういった圧力があるからこそ，みなさんは，自分の脚に力を入れなくても，倒れない。しかし，大人になると，ガラガラの電車に乗っているようなものです。大人はたしかに自由です。親からも先生からも，あれこれいわれません。でも，電車が揺れるたびに，倒れないように，自分の脚でふんばらなければいけません。もう誰も支えてくれないのです。

　では，どうしたら，自分の脚で，すっくと立っていられるでしょうか。そのためには，自分の中に確固たる価値の体系を築くことが必要です。

コラム ● 生きがいとしての学問──(1)

　すべての学問のもっとも根源的な問いのひとつは，「自分は何者か？」という問いではないか，と思います。社会や他人に，さほど関心をもてなくても，自分に関心がないという人はほとんどいないと思います。そして，自分の人生を良い人生にしたい，とみな思っているはずです。そこで，この「自分」ということについて，あらためて反省してみます。

　たとえば，「あなたがどんな人か説明してください」と質問したとします。そのとき，みなさんはどう答えるでしょう。私ならば，たぶん，生まれた場所や，親きょうだいのこと，卒業した学校のこと，職業のこと，そういったことをまず話すだろうと思います。過去から現在にかけて，私を取り囲んできた人や環境について話すわけです。でも，考えてみると，これは奇妙なことです。質問は「あなた自身がどんな人か」ということなのに，私そのものではなく，私を取り囲むものを答えているからです。人は自分を説明するときに，自分自身の成育歴や自分を取り囲んでいた自然環境や文化環境を語るのが普通で，他人もその人の中身を，その人が取り囲まれていた過去の歴史・環境・文化との関連で理解している，ということです。

　比喩的ないい方をすれば，自分は歴史の中にいると同時に，歴史が自分の中に入っているわけです。人間は外界に開かれており，歴史は私たちの中身に，確実に入り込んでいます。

　人文科学も社会科学も自然科学も，じつは「自分を知ること」に究極的にはつながってきます。自分はどこから来たのか，どこに行くのかという問いは，世界がどうなっているのかということと，関係しているからです。まず自分はどこにいるのか，自分は何者か，という「事実認識」をするために，世界を知る必要がある。人生をより良いものにしたいというのは，その事実認識をふまえて，自分がどこに「行くべきか」という価値判断の問題です。

((2)へつづく)

個々の価値を知るためには，おそらく経験がとても大事です。

　でも，それだけでは足りません。それらを関連づけて体系化するためには，価値について反省し，価値について対話することも必要です。

　法学は，人類社会の長い歴史の中でゆっくりと析出された，美しい社会的価値体系の結晶を私たちに教えてくれます。みなさんは，その価値体系を学び，それについて議論することを通じて，自分自身の価値体系を，徐々に築き上げることができるはずです。

　誤解のないよう付け加えますと，私は，みなさん一人ひとりの人間としての価値体系が，法律の内包する価値体系と完全に一致すべきだといっているのではありません。法律の内部に組み込まれている価値体系と対話することにより，自分自身の価値体系を反省し，そして，自分自身の価値体系に照らして，法律の価値体系に働きかけてほしいといっているのです。

　法律を学ぶことで，社会との関係において自分自身を変え，自分自身との関係において社会を変えていくことも可能です。このように「自分と社会をつなぐ」のは，青春の大切な作業だと思います。

―〈読書案内〉――――――――――――――――――――――――――

青木人志『判例の読み方――シッシー＆ワッシーと学ぶ』（有斐閣，2017 年）

青木人志『法律の学び方――シッシー＆ワッシーと開く法学の扉』（有斐閣，2020 年）

団藤重光『法学の基礎 第 2 版』（有斐閣，2007 年）

川﨑政司『法律学の基礎技法 第 2 版』（法学書院，2013 年）

三ヶ月章『司法評論 II――講演』（有斐閣，2005 年）

佐藤幸治・竹下守夫・井上正仁『司法制度改革』（有斐閣，2002 年）

木佐茂男・宮澤節生・佐藤鉄男・川嶋四郎・水谷規男・上石圭一『テキストブック 現代司法 第 6 版』（日本評論社，2015 年）

後藤昭『新版 わたしたちと裁判』（岩波ジュニア新書，2006 年）

コラム ● 生きがいとしての学問──(2)

　もっとも，自分が生きている世界全体がどうなるか，という大問題をそのまま考えることは事実上不可能です。実際は，世界全体の問題を小問題へ分解し，それについて考えることが必要になります。そして小さく分割された問題を考えるときには，その個別領域に応じた「技術」と「知識」を事前に習得することが必要になります。やみくもに考えようとしても，そう簡単に考えられるものではありません。学問分野に応じた，語彙，論理，概念，先行研究の理解などがどうしても必要になる。高等学校までの授業は，こういった技術や知識の基礎を，幅広く教えるものとなっています。ただ，どのような分野にせよ，その道は容易ではありません。少なくとも「職業としての学問」には，長い徒弟時代がぜったいに必要だということができます。

　「学問」という言葉は，わりと日常的な意味で使うこともあります。たとえば「耳学問」という言葉は，厳密な意味での学術研究ではなく，たんに知識を得ること，という意味で使われています。たしかに，学問という言葉を，文字どおり，「学び問う」ことだと理解すれば，学問の場は生活のいたるところに，広く存在しているといえるでしょう。

　たぶん，人間には，自分の生きている世界のどんな些細な秘密でも知りたいという，本能的な欲求があるのだろうと思います。どんな些細な事柄も，「自分を知ること」に関係しているのですから。だからこそ，学び問うことは楽しいのだと，私は考えています。わからなかったことがわかるようになり，できなかったことができるようになると，それだけで，私たちの生活は豊かで，満たされたものになっていきます。そのようなところから，広い意味での学問は生きがいにもなる，と私は考えます。

　法文を読んだり引用したりする際に，まずおさえてほしい基本的な事柄は，

　　　条→項→号

という法文の階層構造です。

■「項」とは

　本章で引用した法文を実例にとって具体的に説明しましょう。たとえば，六法を
みると，憲法 14 条は次のようになっています。

> 第 14 条①　すべて国民は，法の下に平等であつて，人種，信条，性別，社会的
> 身分又は門地により，政治的，経済的又は社会的関係において，差別されない。
> ②　華族その他の貴族の制度は，これを認めない。
> ③　栄誉，勲章その他の栄典の授与は，いかなる特権も伴はない。栄典の授与は，
> 現にこれを有し，又は将来これを受ける者の一代に限り，その効力を有する。

　六法の表記で①，②，③となっているところが「項」です。このように，条の内
容をいくつかの段落に分けるとき，改行されたそれぞれの段落を「項」といいます。
なお，①，②，③というのは六法の編集者がつけている番号で，官報に法文が公布
されるときは，1 項には何も数字がつかず，2 項からは「2，3……」という算用
数字が冒頭につきます。市販の六法と官報では表示の仕方が違うのです。
　本文で紹介した尊属殺人重罰規定違憲判決の場合，かつて存在した刑法 200 条
が憲法「第 14 条第 1 項」に違反するかどうかが問題になったわけです。なお，条
や項の前の「第」はしばしば省略され，たんに「14 条 1 項」と記載されます。本
書でもそのような方法を採用しています。

■「号」とは

　次に覚えてほしいのは「号」です。条文の中でいくつかの項目を，漢数字「一，二，
三，……」をつけて列挙するものがあります。たとえば 25 頁のクローズアップで
紹介した減軽の仕組みを決めている刑法 68 条は，次のような規定になっています。

第68条　法律上刑を減軽すべき1個又は2個以上の事由があるときは，次の例による。
一　死刑を減軽するときは，無期の懲役若しくは禁錮又は10年以上の懲役若しくは禁錮とする。
二　無期の懲役又は禁錮を減軽するときは，7年以上の有期の懲役又は禁錮とする。
三　有期の懲役又は禁錮を減軽するときは，その長期及び短期の2分の1を減ずる。
四　（略）
五　（略）
六　（略）

　それぞれの漢数字に導かれている部分が「号」です。死刑を減軽する仕方を定めているのは刑法68条1号，無期懲役・無期禁錮の減軽を定めているのは68条2号です。68条は複数の項に分かれていないので，いちいち「1項」とはいわず，「68条2号」と項を飛ばします。もちろん，項が2つ以上ある条の一部に号が含まれているときにそれを指す場合は，「○条○項○号」となります。

　ところで，68条1号の規定の中には，「又は」と「若しくは」という接続詞が同時に使われています。どちらも択一関係（英語でいえば or）を表しますが，法文で両者が同時に使われるときは，「又は」が大きな択一関係，「若しくは」が小さな択一関係を表すと決まっています。これも覚えておいてほしい基礎知識です。

■「枝番号」とは

　最後に，枝番号つきの条文について説明します。27頁のクローズアップ（執行猶予とは）の中で，刑法26条の2，26条の3，という2つの枝番号のついた条文を引用しました。この部分の刑法の条文の並び方をみると，次のようになっています（カッコ内は『ポケット六法』（有斐閣）の見出しです）。

第26条（刑の全部の執行猶予の必要的取消し）
第26条の2（刑の全部の執行猶予の裁量的取消し）
第26条の3（刑の全部の執行猶予の取消しの場合における他の刑の執行猶予の取消し）
第27条（刑の全部の執行猶予の猶予期間経過の効果）

枝番号つきの条について，初学者が誤解しがちなことがあるので，ひとつ注意をしておきます。枝番号つきの条（26 条の 2，26 条の 3）は，枝番号のない条（26 条や 27 条）とまったく「同格の条」であって，26 条の下位に分類されるものではありません。

　このような枝番号つきの条が生まれる理由は，それらが後から挿入されたものだからです。法律はつねに移りゆく社会的・法的な要請とともに，新しい条を追加したり，不要な条が削除されたりするものです。ただし，追加・削除された条があるたびに，その前後の条の番号が繰り上がったり，繰り下がったりするのでは，不便きわまりありません。そのため，新しい条を追加する際には，その直前の条（この例であれば 26 条）に枝番号をつけて，26 条の 2，26 条の 3，とするのです。

　この場合，2 つの条を追加しただけですから，枝番号は 3 までで終わりですが，この数字は理論上無限に増やすことができるので，どんなにたくさんの条を挿入しても，後の条の番号が繰り下がることはありません。また，逆に条を削除する場合も，たんに当該条を削除するだけで，後の条文の番号を繰り上げることはありません。つまり，刑法 200 条が削除されたからといって 201 条が 200 条になることなく，201 条以下の条番号はすべてそのままです。

第2章

法のドラマ性
──刑法43条という舞台──

■ 執務室のナポレオン（ダヴィッド画）■
民法典が自慢だったナポレオンは，失脚後，「余の栄誉は40回に及ぶ戦勝ではない。永遠に残るのはこの民法典である」と言ったと伝えられています。ナポレオンは，民法典のほかにも，1810年制定の刑法典など立派な法典をいくつも作り，この絵の右奥の机上にも自慢の法典（CODE）が描かれています。

　第1章では，法や裁判のもつ人間性について語りましたが，ひきつづき本章においては，刑法中のひとつの条文を例に，法の規定が作られる過程や法的思考方法の筋道に触れてみたいと思います。本章から，法がいかにドラマティックな存在であるか，いかに可能性に満ちた存在であるかを，理解してもらえれば幸いです。

　みなさんは，ナポレオン，ボワソナード，ニコライ2世，児島惟謙，浜口雄幸という5人の人物，少なくともこのうち何人かをご存知だろうと思います。みな，高等学校の世界史や日本史の教科書に載っている人物です。

　ナポレオン（Napoléon Bonaparte ; 1769-1821）は，フランス革命を終結させ，革命の成果をヨーロッパ大陸に広めた軍事的天才ですが，彼はまた，偉大な立法者でもありました。とくに有名なのが，1804年に制定されたフランス民法典です。

　2人めのボワソナード（Gustave Emile Boissonade ; 1825-1910）もフランス人です（図2-1）。この人物は，明治維新後間もない明治6（1873）年，文明の光も十分に届かない小国日本の招きに応じ，名門パリ大学法学部の教員という華やかな職を捨て，しかも，家族をフランスに残したまま，単身来日しました。

　3人めのニコライ2世（NikolaiⅡ ; 1868-1918）は，ロシアのロマノフ王朝最後の皇帝です（図2-2）。1917年にロシア革命に遭い，退位し，監禁され，そしてついに1918年には家族ともども処刑されてしまう，悲劇の皇帝です。

　ニコライは，まだ皇太子であった明治24（1891）年，世界漫遊の旅の途中で，日本に立ち寄りました。ところが，長崎を経て神戸に上陸し，琵琶湖に遊んだ折，滋賀県大津市内で，こともあろうに警備にあたっていた日本人巡査にサーベルで斬りつけられ，頭部をひどく負傷します。この事件がいわゆる「大津事件」です。

　大国ロシアの報復を恐れた日本政府，すなわち行政府は，法律的に無

図 2-1　ボワソナード（写真提供：法務省）

ボワソナードが日本を去ったのは明治 28（1895）年ですから，滞在期間はじつに 22 年にも及びます。その間，たった一度しかフランスに帰らず，日本の法整備と法学教育，さらには外交アドバイザーとして力を尽くしてくれました。明治時代の日本に，知識や技術を伝えてくれた御雇外国人はたくさんいましたが，ボワソナードはまさに「恩人」と呼ぶにふさわしい人物です。

図 2-2　ニコライ 2 世

理をしても犯人の巡査を死刑にしたいと考え，裁判所に圧力をかけました。しかし，当時の司法部のトップ，現在の最高裁判所長官にあたる「大審院長」が，行政府からの要求をしりぞけ，司法権の独立を守りました。

その勇敢な大審院長が，4人めの児島惟謙（これかた）（1837-1908）です。

最後の浜口雄幸（おさち）（1870-1931）は，昭和初期の総理大臣です。浜口首相は，大蔵大臣に迎えた財政専門家・井上準之助と力を合わせ，大幅な軍縮により財政の健全化を図り，金輸出解禁（いわゆる金解禁）を断行して，金本位制をとる世界経済システムに日本経済を組み込み，それによって国の安定と発展を図ろうとしました。

しかし，浜口内閣が進めたロンドン海軍軍縮条約の締結は，日本海軍を屈辱的な地位に置き，統帥権（軍隊を指揮する天皇の大権）を干犯するものだとして，右翼テロリストの怒りを買い，浜口首相は昭和5（1930）年11月，東京駅で狙撃されます。一時は議会に登院するほどに回復したものの，結局は腹部に受けた銃弾による傷がもとになって，翌昭和6（1931）年8月，ついに帰らぬ人となります。不幸なことに，さらにその翌年の昭和7年には，浜口首相の盟友であった井上準之助も殺されてしまいます。この事件は「血盟団事件」として知られています。

話を本題に戻すと，それぞれの時代に，それぞれの場所で，それぞれ劇的な生涯を送ったこの5人には，隠れた共通点があります。じつは，この5人はみな，わが国の刑法43条となんらかのかかわりをもっている人達なのです。

これからお話しする物語の主役となる条文は，その「刑法43条（本文）」です（右頁の**ボックス**参照）。条文だけを漫然と眺めると，さほど面白味のない，乾いた，抽象的な言葉が並んでいるようですが，この条文が現在のかたちをとるまでの道のりを振り返ると，そこには波乱に富んだ物語が隠れているのです。

図 2-3　児島惟謙　　　　　　　　　　図 2-4　浜口雄幸
（国立国会図書館ウェブサイトより）　　　　（国立国会図書館ウェブサイトより）

コラム ● 男子の本懐

　浜口と井上という，性格がまったく違う 2 人の政治家・財政家が，「金解禁」という共通の目標に向かって固い友情で結ばれ，文字どおり命がけで政策を断行した姿を静かに描いた，感動的な小説があります。城山三郎氏の『男子の本懐』（新潮文庫，1983 年）ですが，一読をお勧めします。なお，小説のタイトルは，浜口首相が，狙撃直後，医者に向かって，「男子の本懐である」と述べたというエピソードからとられています。

ボックス ■ 現行刑法 43 条（本文のみ，ただし書は省略）

43 条　犯罪の実行に着手してこれを遂げなかった者は，その刑を減軽することができる。

＊法規定が，原則を述べる文につづき，「ただし」で始まる除外・例外を定める文をもつとき，前者を「本文」，後者を「ただし書」といいます。

2.2 法が出来るドラマ——刑法43条はどのようにして出来たか

2.2.1 大津事件における法の適用

　　話の都合上，まずは，犯罪の発展過程を一般的に考えてみます。たとえば殺人に即して述べますと，まず犯人が犯行を「決意」する段階があります。「殺してやる」という決意はあくまでも内心の状態にとどまり，外からは見えません。

　　次に，犯人は，殺人という決意を実行に移すために，拳銃を入手したり，ナイフを買ったりするかもしれません。このような準備行為が明確に存在する場合，それを法律用語では「予備」といいます。この段階では内心の決意が客観的な行為として少しあらわれてきます。そして，犯人が，いよいよ被害者に向かって拳銃を発砲したり，ナイフで切りつけたりしたとします。弾が外れたり，刺されそうになった人がうまく逃げたりしたときは殺人「未遂」，犯人の殺意が実現して，被害者が死んだ場合が殺人「既遂」です。

　　わが刑法は，このような発展過程をたどる犯罪を，犯罪の重大性に応じて，既遂だけを処罰するもの，未遂から処罰するもの，そして，予備段階から処罰するものに分けています。刑法典上の犯罪についていうと，既遂だけが処罰される比較的軽微な犯罪類型としては，脅迫罪や侮辱罪や器物損壊罪などがあります。また，その対極にあって，予備段階から処罰される重大犯罪には，殺人罪や強盗罪や放火罪があります。それ以外の多くの犯罪，たとえば，窃盗，詐欺，強制わいせつといった犯罪は，未遂段階から処罰対象になります。

　　つまり，処罰と不処罰の最大の分水嶺は，予備から未遂になるその瞬間だといえます。いいかえると，どこからが未遂になるのか（未遂はいつ始まるのか）が，処罰と不処罰を分ける大きな境界になりますから，これを確定することが，立法者や法律家や法学者にとって重要な課題になります。

　　先ほど紹介した刑法43条は，この処罰と不処罰の分かれ目を，「犯罪の実行に着手」したかどうか，という基準で決めています。じつは，こ

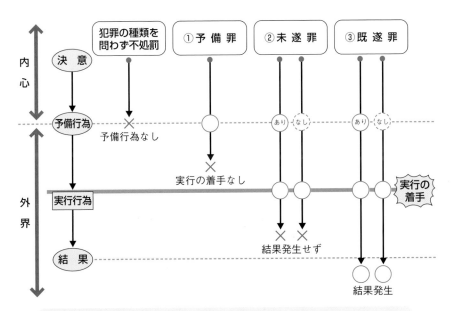

① 予備から処罰されるのは殺人，強盗，放火など一部の重大犯罪
② 未遂から処罰されるのは窃盗，詐欺，強制わいせつなど多くの犯罪
③ 既遂に至ってはじめて処罰されるのは脅迫，侮辱，器物損壊など一部の軽微犯罪

図2-5 「決意―予備―未遂―既遂」のプロセス

の「実行の着手」こそ，人権観念と結びついた，近代的未遂概念の中核的な要素なのです。実行行為が開始されない限り未遂は成立しない，とすることにより，処罰するためには，たんに罪を犯そうと考えただけでは不十分であることがはっきりします。為政者の腹ひとつで恣意的に行われがちであった意思処罰・内心処罰に，ここで明確な歯止めがかけられたわけです。その意味において「実行の着手」は，権力の処罰欲求から人権を守る一種の防波堤だという理解も可能です。

　この「実行の着手」という概念は，18世紀末，革命期のフランスで生まれました。その概念に込められた，意思処罰との訣別という思想は，ナポレオンが1810年に制定した刑法典にも受け継がれ，そこから世界中に広がっていきます。

　ただし，注目すべきことは，ナポレオン刑法は未遂の法定刑と既遂の法定刑に差を設けていなかった，ということです。その背後には，実行の着手という目に見える行為によって，犯罪意思が確定的に認識できる以上，行為者の危険性は，結果が発生するしないにかかわらず同じである，という思想が隠れているように思えます。

　これに対して，明治40（1907）年に出来たわが国の現行刑法43条は，未遂は「その刑を減軽することができる」としています。実際に刑を減らすかどうかは，担当裁判官の裁量に任されるので，このような規定方式を「任意的減軽主義」といいます。もっとも，現行刑法が出来る前の，わが国の旧刑法は，このような任意的減軽主義をとっていませんでした。では，フランス刑法のように未遂・既遂同一刑主義をとっていたかというとそうでもなく，むしろその逆で，未遂の刑は既遂の刑を「必ず」減らさなければならないと規定していました。このように未遂の場合は必ず刑を減らすという考え方を，「必要的減軽主義」と呼びます。

　旧刑法112条の未遂規定は49頁の**ボックス**のようなものでした。難しい条文ですが，未遂刑は既遂の刑に「1等または2等を減ず」と明記されていることを確認してください。

　明治13（1880）年に公布され明治15（1882）年に施行された，この旧刑法の起草にあたったのは，ボワソナードでした。ボワソナードは，

日本で拷問が廃止されたのも，じつはボワソナードの功績です。

明治初年の日本の法廷では，旧幕府時代同様の拷問が，日常的に行われていました。慣れというのはおそろしいもので，当時の日本人裁判官は，それをまったく疑問視していなかったようです。その認識を改めるきっかけを作ったのがボワソナードでした。

ある日，ボワソナードは，司法省法学校に講義に出かける途中，たまたま裁判所の白洲で拷問が行われているのを目撃します。彼は即座に司法省に駆け込み，現在の法務大臣にあたる司法卿であった大木喬任に面会し，拷問がいかに残虐なものであるかを直訴し，拷問廃止の決定を引き出しました。

ボワソナードが拷問を目撃して司法省に駆け込んだまさにその日，彼の到着を司法省法学校の教室で待っていた一人の日本人生徒が，後年，次のような回想を残しています。

「どうしたことか，平常時間の正しい先生が，この日にかぎっていつまで経ってもやってこない。不思議に思いながらしばらく待っていると，突然ボワソナード氏がぶるぶる震えながら，非常に興奮した面持ちで駆け込んできた。そして，ほとんど泣き出さんばかりに，何か早口でフランス語で話し始めて，次第にますます激昂してきて，前に置いてあるケヤキの机を握りこぶしでゴツゴツ叩きながら，話すというよりもむしろ怒鳴りはじめた。われわれ学生は，平常温厚なこの先生がどうしたことかと，あっけにとられて聞いていると，やがてそれは……拷問がいかに残酷なことであり，不合理であり，かつ野蛮な制度であるかを演説されているのであることがわかった。先生の演説は滔々数時間に及び，あるいは嘆き，あるいは泣き，聞くものをして感動せしめずには置かなかった。」（福島正夫「ボワソナード博士の人格と拷問制反対活動」法学セミナー 1973 年 11 月号の引用を現代表記に改変）

いかにも，情熱家のボワソナードらしい，いとおしいエピソードだと思います。

フランス刑法をたんにコピーしたわけではありません。とるべきところはとり，変えるべきところは変えて，理想の法典を作ろうとしました。また，結果が発生したかどうか，つまり，既遂なのか未遂なのかが，刑罰を決定するにあたって決定的に重要だと考えていたため，フランス刑法のとる未遂・既遂同一刑主義は，わが旧刑法の起草段階で惜しげもなく捨て去られました。

　さて，このように鋭敏な人権感覚をもったボワソナードの主導で，未遂刑の必要的減軽をうたった旧刑法は，施行後10年も経たない明治24（1891）年に大きな試練に直面します。大津事件の発生です。

　大国ロシアの皇太子であるニコライを，こともあろうに警備の巡査がサーベルで斬りつけるという大失態は，日本中を狼狽させました。松方正義首相の率いる政府は，ロシアとの外交関係上，なんとしても犯人の巡査を死刑にすべきだと考えました。そして，死刑判決を出すために，旧刑法116条のいわゆる「大逆罪」を適用して処罰するよう，裁判所に圧力をかけてきました。

　旧刑法116条の大逆罪規定は，「天皇三后皇太子に対し危害を加え又は加えんとしたる者は死刑に処す」というものでしたから，「皇太子に対して危害を加えんとした者」を死刑にすることは可能です。しかし，ここでいう「皇太子」は，「日本の皇太子」だけを念頭に置いていることも，また明らかでした。つまり，ロシアの皇太子は116条にいう「皇太子」にはあたらず，大逆罪の適用は法律論としては不可能だったのです。そうすると，適用可能な条文として残るのは旧刑法292条の謀殺罪だけです。この規定は，「予(あらかじ)め謀(はか)りて人を殺したる者」は「死刑にする」と規定していました。ロシア皇太子は間違いなく「人」なので，謀殺罪を適用すること自体には，なんら障害はありません。

　しかし，問題は刑罰の重さです。ロシア皇太子は負傷したものの殺されはしませんでした。つまり謀殺既遂罪ではなく，謀殺未遂罪しか成立しないのです。そして，未遂ということになると，必要的減軽主義をとる先ほどの旧刑法112条が適用されますから，刑を必ず減らさなければなりません。詳しい説明は省略しますが，謀殺罪のように，既遂ならば

現在，「旧刑法」と呼ばれるのは，ボワソナードが起草した明治 13（1880）年 7 月 17 日公布（同 15（1882）年 1 月 1 日施行）の「刑法」です。日本の法律史上初の西洋近代法に範をとった法典で，全体的にフランス刑法の影響の強いものでしたが，たんなるフランス法の敷き写しではなく，ボワソナード自身の学問的理想の反映や，日本社会の現実への考慮から，フランス刑法と違う部分もたくさんあります。旧刑法は，現行刑法が明治 41（1908）年 10 月 1 日に施行されるまで適用されました。

ボックス ■ 旧刑法 112 条

112 条　罪を犯さんとして已 (すで) に其事を行なうと雖も，犯人意外 (いえど) の障礙 (しょうがいもし) 若くは舛錯 (せんさく) に因 (よ) り未 (いま) だ遂げざる時は已に遂げたる者の刑に 1 等または 2 等を減ず。

（大意）罪を犯そうとしてすでにその事を行ったといえども，犯人にとって意外な障害や失錯によりいまだ遂げていないとき（未遂に終わったとき）はすでに遂げた者（既遂の者）の刑に 1 等または 2 等を減じる。

コラム ● 罪刑法定主義

刑法は，犯罪処罰を規定する厳しい法律ですが，その一方，どのような行為が罪となり処罰されるかを予告し，それ以外の行為は処罰されない（国家はそれ以外の行為を処罰できない）ことを知らせてくれる，自由主義的な法律でもあります。「法律なければ犯罪なし，法律なければ刑罰なし」，つまり，ある行為を犯罪として処罰するためには，あらかじめその行為が犯罪となることが法律ではっきり決められていなければならないという思想を，「罪刑法定主義」といいます。

権力者による恣意的な処罰を禁じるこの原則は，西洋起源のものですが，近代刑法の大原則として広くみとめられています。行為当時は犯罪とされていなかった行為を後から犯罪だと決める法律を作って時間を遡って処罰すること，裁判官が刑罰法規を適用するにあたり類推解釈により処罰範囲を広げること，漠然とした内容の刑罰法規（たとえば「悪事を働いた者は死刑に処す」など）を使って処罰することは，すべて罪刑法定主義に違反すると考えられています。

死刑を宣告できる犯罪であっても，未遂となると，旧刑法のもとでは最高でも「無期徒刑」（現在でいう無期懲役）までしか宣告できなかったのです。政府は，このジレンマを，法をねじ曲げ，大逆罪規定を適用することによって強行突破しようとしたわけですが，大審院長の児島惟謙によって，そのもくろみは阻止されました。そして，犯人の巡査は，死刑ではなく無期徒刑となり，北海道釧路の刑務所に送られました。

さいわい，ロシアは日本政府が恐れていた軍事行動を起こさず，児島院長は，後年，「護法の神」とまで言われて賞賛されたわけですが，ボワソナードの理想が，このようなかたちで日本中の肝を冷やす結果を生んだことは，まさに歴史の皮肉というべきでしょう。

2.2.2　浜口首相狙撃事件における法の適用

さて，ボワソナードの旧刑法は，施行後 25 年経った明治 40（1907）年に全面改正されます。これが現行刑法です。先ほど紹介した現行刑法43 条（平成 7（1995）年に現代用語化されたものですが，文語体で書かれていたそれ以前の規定と内容は変わりません）の未遂規定が，任意的減軽主義をとるに至った理由のひとつは，旧刑法のように必要的減軽主義をとると，大津事件のような場合に不都合が生じる，というものでした。

当時の議会（大日本帝国憲法のもとの帝国議会）で，未遂刑を任意的減軽に変えるべきだと主張した代表的論客は，帝国大学法科大学の教授もつとめた富井政章という人物でしたが，富井は，大津事件のような情が重いケースでも「減軽することができる」とさえしておけば，無理な解釈をしなくても，十分に伸縮がついてよいと，議会で発言しています。

こうして出来あがった現行刑法 43 条は，昭和 5（1930）年に起こった浜口首相狙撃事件の犯人を裁くにあたり，まさに富井の思惑どおりの効果を発揮しました。

図 2-7 に，裁判の報道記事を一部分だけですが，掲載しています。昭和 8（1933）年に東京控訴院（控訴院は現在の高等裁判所にほぼ対応します）が下した判決を紹介したもので，浜口首相を狙撃した被告人に東京控訴院は死刑判決を下しています。ここでぜひとも確認していただ

　児島惟謙は，大津事件での活躍により行政府の干渉から司法権の独立を守り，「護法の神」とまで称賛されました。しかし，大津事件の担当裁判官ではないのに，担当裁判官一人ひとりに働きかけて一定の結論を出すよう説得するという行動をとっていました。このことは，現代的な眼からみると，問題を含んでいます。

　日本国憲法に「すべて裁判官は，良心に従ひ独立してその職権を行ひ，この憲法及び法律にのみ拘束される」（76条3項）とあるように，司法が立法府や行政府から独立して公正な判断をするためには，個々の裁判官の独立が確保されていなければなりません。そのような観点からは，大審院長という立場（個々の大審院裁判官を監督する立場）の児島がとった行動は，裁判所組織の上司が部下の裁判内容に干渉したものともいえるので，これをどう評価するかについては，議論が分かれています（詳しくは山中敬一『論考 大津事件』成文堂，1994年を参照）。

図2-6　浜口首相，東京駅で狙撃される（昭和5年11月14日）(写真提供：毎日新聞社)

きたいのは，事件名が「殺人未遂」被告事件となっていること，そして，「主文」が被告人を「死刑に処す」となっていること，この2つです。

　刑法43条はあくまでも「任意的」減軽ですから，裁判官は未遂の場合に刑を減らさなくてもいいのです。つまり，殺人既遂罪について規定された最高刑である死刑を，未遂にそのまま適用しても法律違反ではありません。ここが旧刑法とは違います。この事件は，その後，被告人からの上告も棄却されたので，実際に死刑が確定しました。

　以上みてきたように，現行刑法43条というルールの結晶が析出するにあたっては，冒頭に紹介した5人の人物の，それぞれの理想と情熱，栄光と悲劇が，複雑に作用しています。結晶化のプロセスには，長い時間がかかっていますが，それはまさに「法が出来るドラマ」と呼ぶにふさわしい劇的な歴史過程だったと言えます。

2.3 法の上のドラマ——刑法43条という舞台

　ところでみなさんの中に，ここまでの私の説明がどうも腑に落ちない，と感じていらっしゃる方がいるのではないでしょうか。つまり，浜口首相は狙撃されたときの傷がもとで死亡したにもかかわらず，どうして，罪名が「殺人既遂」ではなく「殺人未遂」なのか，ということです。

2.3.1 法的思考方法とは

　これを論じるに先立ち，「法的思考方法」の特質を述べておく必要があります。法的思考方法というのは，"legal mind"あるいは"to think like a lawyer"という英語で表現されることもあります。その中身については議論がありますが，権利や犯罪を成立させたり消滅させたりする要件を一般的に抽出し，しかるのちに，個別具体的な事例を要件ごとにひとつずつあてはめ，当該権利や犯罪の発生や消滅を論じるという思考様式が，その中心的な内容であることは間違いありません。

　ここで，殺人既遂罪が成立するための要件を考えてみましょう。まず1つめは，犯人に「人を殺す意思」，すなわち故意がなければなりません。

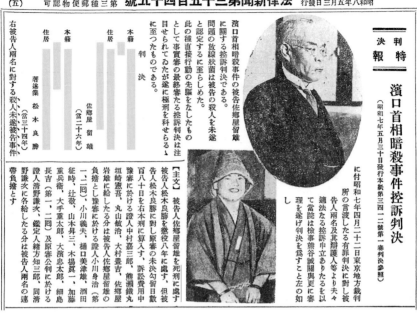

図 2-7　控訴審判決を報じる記事（法律新聞：昭和8年5月3日付）

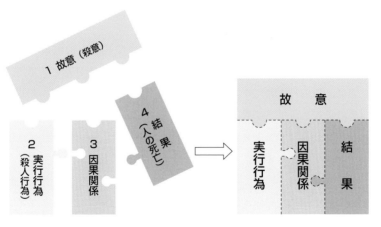

図 2-8　殺人既遂罪が成立するための4つの要件

次に，犯人が「殺人行為」（殺人の実行行為）を行わなければなりません。これが2つめの要件です。3つめの要件は，人の死亡という「結果の発生」です。一見，この3つが揃えば十分のように見えますが，じつはそうではありません。4つめの要件として，殺人の実行行為と人の死亡との間に「因果関係」がなければなりません。

2.3.2 ケースで考える

　たとえば，ある人が東京で誰かに対する殺意をもって拳銃を発砲した直後に，北海道の病院の入院患者が1人亡くなったとしても，東京で発砲した人が北海道の病院で亡くなった人に対する殺人罪に問われることはありません。拳銃の発砲という行為は殺人行為だといえますが，北海道の病人の死亡との間には，因果関係がまったく欠如しているからです。

　では，図2-9に示した「ケース①」だったらどうでしょうか。

　「Xは確定的な殺意をもってYの心臓を狙って発砲したが，弾丸は逸れて腕をかすめた。Yは徒歩で病院に行き，弾丸によるかすり傷を治療してもらっている最中，たまたま大地震が発生し病院の建物が倒壊，Yはその下敷きになって死亡した」というケースです。

　Yは，Xが発砲しなければ，病院に行くことはなく，したがって病院の建物の下敷きになって死ぬこともなかったのですから，「Xの発砲行為がなければ，Yは死ななかった」ということは可能です。しかし，「PがなければQがない」という条件関係だけで法律上の因果関係を認めてしまって本当によいのでしょうか。もしそれで十分だとすると，たとえば，将来殺人者になるかもしれないと考えて子どもを産んだ母親は，その子どもが本当に殺人を犯した場合，責任をとるべきだということになりはしないでしょうか。

　母親が子どもを産まなければ，子どもは罪を犯すことはなく，被害者は死ななかったはずです。だから，母親の出産と被害者の死亡の間には，あきらかに条件関係はあります。でも，健全な常識に照らして考えると，そのような場合に母親の責任を考えることは，まったくナンセンスです。

　つまり，法律上の因果関係を認めるためには，「PがなければQがな

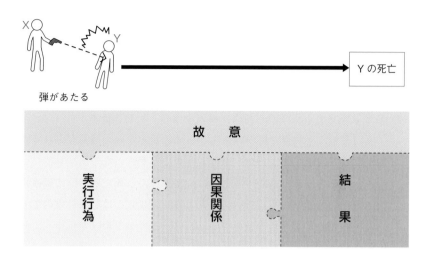

弾があたる

故　意

実行行為　因果関係　結果

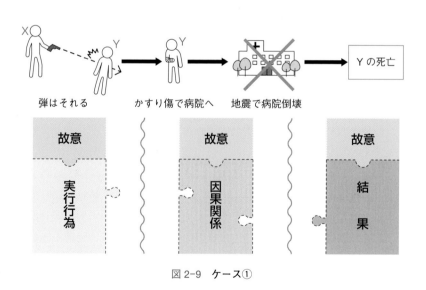

弾はそれる　かすり傷で病院へ　地震で病院倒壊　Yの死亡

故意　実行行為

故意　因果関係

故意　結果

図 2-9　ケース①

い」という条件関係があるだけでは不十分なのです。条件関係に加えて，「当該行為からは，そのような結果が通常は生じるものである」といえるときに限り，因果関係を認めるべきだとする考え方が有力です。

このような考え方を，法学の用語で「相当因果関係説」（図2-10）と呼びますが，この考え方をとると，「ケース①」のような場合は，Xの発砲行為と被害者の死亡との間には相当因果関係は存在せず，したがってXに成立する犯罪の罪名は「殺人未遂罪」となります。

浜口首相は，銃弾で傷ついた腸から放線状菌という細菌が漏れて，それが原因で亡くなりました。そのようなことが起こるのは医学的には稀有の事例であったために，裁判所は，狙撃行為と死亡との間には直接の法的因果関係はないと判断し，殺人未遂罪の成立だけを認めたのです。事件名が「殺人未遂」となっているのは，そういうわけです。

因果関係のほかにも，殺人罪の成立要件には難しい問題がいくつも含まれています。たとえば，図2-11の架空事例「ケース②」を見てください。「XはYが飛行機事故に遭って死ねばいいと考えて航空券をプレゼントして旅行に行かせたところ，飛行機は落ちずYは無事に旅行から帰ってきた」というものです。このようなXの行為は，殺人「既遂」にならないことは明らか（そもそも誰も死んでいない）ですが，殺人「未遂」にもならないと考えるのが妥当な結論でしょう。他人に航空券をプレゼントして旅行を勧める行為は，殺人行為と評価できるような危険性をもたないので，殺人未遂罪の成立に必要な殺人行為（これを犯罪類型を問わず一般化すると「実行行為」といいます）が存在しないからです。

では，図2-12の「ケース③」だったらどうでしょうか。「被告人Xは逮捕されそうになったのでY巡査の腰から拳銃を奪い，銃口をY巡査の腹に押し当てて，殺意をもって引き金を引いたところ，実弾が一発も装填されておらず，Y巡査は無事であった。警察官は勤務中拳銃に実弾を装填するものだが，Y巡査はたまたま当日にかぎり，多忙のため実弾の装填を忘れていた」というものです。この事例は，福岡高等裁判所昭和28年11月10日判決が扱った実際のケースです。

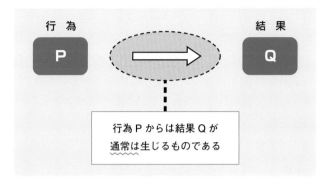

図 2-10　相当因果関係説

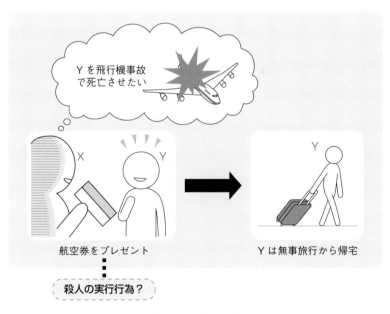

図 2-11　ケース②

この「ケース③」は，航空券をプレゼントした「ケース②」と，はたして違うのでしょうか。たしかに，外見上は，拳銃を腹部に押し当てて引き金を引く行為は，殺人行為として十分な危険をはらんでいるように見えます。しかし，弾丸は一発も装填されていなかったのですから，そのような行為を「殺人行為」と呼んでいいかどうか疑問です。でもやはり，殺されかけたＹ巡査は，その日に限って弾を込め忘れていたというのですから，犯人の行為は殺人行為だというべきかもしれません。じつに判断が難しい事件です。

　福岡高等裁判所は，結局，空の拳銃の引き金を引く行為を殺人の実行行為と認定し，殺人未遂罪の成立を認めました（右頁の**ボックス**参照）。しかし，そうはいっても，空の拳銃で人を殺すことはおよそ不可能であって，殺人の実行行為と同視できないという議論にも，かなりの説得力がありそうです。

　ここまで考えてくると，「実行行為が存在するかどうか」という判断は，「危険性」の判断と表裏一体のものだということがわかります。

　ところで，その危険性の判断では，その「人の危険性」が問題なのでしょうか，それとも，その「行為の危険性」を判断すべきなのでしょうか。仮に後者の考え方，すなわち「行為の危険性」が重要だという立場をとるとしても，「およそ拳銃で人を殺せるか」という抽象的な問いを立てるか，「実弾の装填されていない拳銃で人を殺せるか」というその日その場の具体的状況を前提とした問いを立てるかによって，まったく結論が変わってしまいます。

　ここからわかるように，刑法43条の条文「犯罪の実行に着手してこれを遂げなかった」から抽出された「実行行為」という要件は，いわば空っぽの器のようなものなのです。解釈によって意味の補充がなされ，その器が意味で満たされないと，現実の問題に答えを出すことはできません。そして，まさにそこに，法律家や法学者が，想像力（imagination）や創造性（creativity）を自由に発揮できる，広大な領域が存在しています。

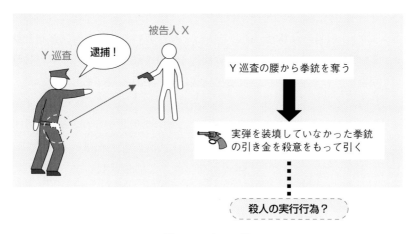

図 2-12　ケース③

ボックス■福岡高等裁判所の判決（一部）

　「制服を着用した警察官が勤務中，右腰に着装している拳銃には，常時たまが装てんされているべきものであることは一般社会に認められていることであるから，勤務中の警察官から右拳銃を奪取し，苟しくも殺害の目的で，これを人に向けて発射するためその引鉄を引く行為は，その殺害の結果を発生する可能性を有するものであって，実害を生ずる危険があるので右行為の当時，たまたまその拳銃にはたまが装てんされていなかったとしても，殺人未遂罪の成立に影響なく，これを以て不能犯（青木注・およそ結果を発生させることができず処罰できないもの）ということはできない。」

（福岡高等裁判所昭和 28 年 11 月 10 日判決，高等裁判所刑事判決特報 26 号 58 頁）

2.4 法という「劇場」

　現実の裁判は，原告と被告，検察官と被告人，事件を引き受けている弁護士（民事訴訟なら「訴訟代理人」，刑事訴訟なら「弁護人」といいます），担当の裁判官，問題に関心をもっている法律学者，裁判を見守るマスコミや市民，それぞれの利害や信念や情熱が，それぞれ「理性的な言葉」に変換されて，直接・間接に戦わされる場であります。そこに関与する者たちは，法ルールに刻み込まれている，多様でときに矛盾しあうさまざまな価値の中から，自分にとって重要なものや有利なものを選択的にくみとり，論理の鎧を着せて，相手の説得を試みるのです。

　ちなみに，かつてわが国の裁判（とくに刑事裁判）は，法律専門家（裁判官・検察官・弁護士）だけのきわめてプロフェッショナルな空間でしたが，現在は一部の刑事事件に対して「裁判員裁判」が実施されています（詳しくは第5章参照）。裁判員裁判においては，このような「説得」が，書面（文章）ではなく口頭の弁論（話し言葉）で行われる比重が，いやがうえにも高まっています。

　刑法43条を例に具体的に論じたように，無機質に見える法律の条文は，じつは活き活きとした価値の作用によって結晶化し，今後も活き活きとした価値を注ぎ込むことができるものなのです。そして，私たち自身が，人間や社会について問いつづける営みをやめないかぎり，法律学の課題が尽きてしまうことは，ぜったいにありえません。その意味で，法律学は，未来に向かって開かれた学問だともいえます。

　たとえば，高校球児にとって，甲子園は単なる四角い土地ではないはずです。テニス選手がウィンブルドンのセンターコートに立てば，名選手たちのラケットの響きが耳に溢れることでしょう。また，将棋の棋士は，あの小さな盤面に「大いなる宇宙」を見ているに違いありません。

　法律家についても同じことがいえます。条文や概念は，無限の可能性をもつ一種の「舞台」なのです。

　ここで述べたように，刑法43条には，ナポレオンの誇りや，ボワソナードの情熱や，ニコライの痛みや，児島惟謙の勇気や，浜口雄幸の無

コラム ● 裁判の傍聴

　裁判は公開されています（ただし，家庭裁判所の審判等は非公開です）。裁判の公開は憲法が規定している大原則です（憲法 82 条，37 条 1 項）。法を学ぶみなさんは，ぜひいちど近くの裁判所の法廷に赴き，裁判を傍聴してみてください。

　傍聴する場合は，地方裁判所か簡易裁判所がいいでしょう。裁判所に行けばその日に開かれている裁判の一覧がありますから，それを見て法廷に行き（傍聴席が空いていれば）自由に傍聴してください。一般に刑事事件のほうが，傍聴者にとって進行がわかりやすいはずです。もちろん，裁判員裁判を傍聴するのも良い経験になるでしょう。

　このように国民が自由に裁判を傍聴できる制度には，裁判の公正さと信頼を高める機能，刑事被告人の人権を保障する機能があるほか，副次的ながら，国民が司法について学び考える場を提供する教育的機能もあるといえるでしょう。

コラム ● 創造的な法解釈の例──（1）

　本文で触れたような「創造的な法解釈」の例としては，どのようなものがあるでしょうか。私の同僚の先生方に意見を求めてみました。

① 　憲法学の A 先生は，受刑者の接見（弁護士と受刑者の面会）を 30 分以内に制限し，刑務官が立ち会ったことが，「市民的及び政治的権利に関する国際規約」（いわゆる「自由権規約」）14 条 1 項（裁判所の前の平等，公正な裁判を受ける権利を定めています）に違反するとして，受刑者と弁護士からの慰謝料請求を一部容認した高松高等裁判所平成 9 年 11 月 25 日判決を挙げました。

　この判決では，自由権規約草案をもとに作られ，同規約 14 条に相当する規定（6 条）をもつヨーロッパ人権条約（欧州人権条約）の解釈について，ヨーロッパ人権裁判所が，6 条の権利には「受刑者が民事裁判を起こすために弁護士と面接する権利」が含まれ，刑務官が立ち会うことを条件とするのは同条違反であると判断していることを指摘し，その判断が自由権規約 14 条の解釈の指針のひとつになるとしています。

　わが国が締約国ではないヨーロッパ人権条約に関してヨーロッパ人権裁判所の示した解釈であっても，同条約と自由権規約の密接な関連性を考慮すると，わが国も批准している自由権規約の解釈の指針になるとして，同裁判所の解釈を援用しているのです（ただし，この解釈は上告審の最高裁では採用されませんでした）。

((2)へつづく)

念が刻み込まれ，いまでも息づいています。そして，耳を澄ませば，この条文の解釈をめぐって知恵を絞り，格闘した名も無い法律家や被告人たちの無数の息づかいも，ごうごうと聞こえてくるのです。その，活き活きとした舞台に身を投じて，自分はいかに創造性あふれる劇を演じることができるか，大袈裟にいえば，法律家はそういうことを考えつづけています。

　ただし，法律という劇場には観客がいることも忘れてはなりません。観客の拍手を浴びて，法律家としての栄誉を手に入れるためには，鬼面人を驚かすような議論をして，やみくもに独自性を発揮すればいいというものではありません。「理性」によって伝達可能で，しかも，「正義」に合致している「創造的議論」しか，観客を感動させることはできません。

　法という魅力的な舞台には，そのような厳しい観客がいて，つねに新しい法律家や法律論を待望しつづけているのです。

──〈読書案内〉──────────────────────────────

尾佐竹猛『大津事件──ロシア皇太子大津遭難』（岩波文庫，1991 年）

吉村昭『ニコライ遭難』（新潮文庫，1996 年）

楠精一郎『児島惟謙──大津事件と明治ナショナリズム』（中公新書，1997 年）

大久保泰甫『日本近代法の父 ボワソナアド』（岩波新書，1977 年）

② 刑法学のB先生は，違法性阻却事由としての安楽死の要件を明示した名古屋高等裁判所昭和 37 年 12 月 22 日判決を挙げました。

この判決では，脳溢血で寝たきりになり激痛やしゃっくりの発作に苦悶し「早く死にたい」「殺してくれ」と口走る父親のことを見かねた息子が，農薬入り牛乳を飲ませて殺したという事件についてのものです。

判決は息子を懲役 1 年（執行猶予 3 年）とする有罪判決でしたが，当時合憲とされていた尊属殺人罪ではなく，父親の嘱託があると認定して法定刑の軽い承諾殺人罪（嘱託殺人罪）を適用するとともに，安楽死が違法でなくなるための要件を一般論として示しました。

その要件とは，①病者が現代医学の知識と技術からみて不治の病におかされ，しかもその死が目前に迫っていること，②病者の苦痛が甚だしく，何人も真にこれを見るに忍びない程度のものであること，③もっぱら病者の死苦の緩和の目的でなされたこと，④病者の意識がなお明瞭であって意思を表明できる場合には，本人の真摯な嘱託又は承諾のあること，⑤医師の手によることを本則とし，これにより得ない場合には医師によりえない首肯するに足る特別の事情があること，⑥その方法が倫理的にも妥当なものとして認容しうるものであること，という 6 つです。

名古屋高裁の事件の場合は，⑤・⑥の要件を欠くので違法性のない安楽死とは認められず，被告人に承諾殺人罪の成立を認めましたが，裁判所の示した 6 要件はその後長く日本の裁判実務に影響を与えています。

③ 民法学のC先生は，過払利息の返還に関する判例を挙げました。

利息制限法の旧 1 条 2 項は，約定利息が制限利率を超えている場合でも，債務者が任意に支払ったときは返還請求できないと定めていました。

ところが，最高裁判所昭和 39 年 11 月 18 日判決が過払分の元本への充当を認め，さらに，最高裁判所昭和 43 年 11 月 13 日判決や同昭和 44 年 11 月 25 日判決が，元本に充当して元本が消滅した後に払った利息は返還請求できるとしたので，利息制限法旧 1 条 2 項を実質的に骨抜きにしたと評価されています。

これらは過去の判例となったとはいえ，最高裁が大胆な態度を示し，過払利息についてその後の立法や実務が大きく展開するきっかけを作った重要な判例です。

第**3**章

法の技術性
──隣人訴訟事件の教訓──

■ 民事単独法廷 ■
1：裁判官　2：裁判所書記官　3：裁判所事務官　4：原告代理人　5：被告代理人

（出所）　裁判所ウェブサイトより転載。

3.1 民事訴訟の特徴——私的自治と処分権主義

3.1.1 民事訴訟とは

　第1章と第2章では，犯罪と刑罰に関する法（刑事法）とそれに関する裁判（刑事訴訟）を素材に，法と裁判の人間性とドラマ性をみました。

　一方，法には，国家権力と私人のタテの関係を規律する刑事法以外にも，主として私人と私人のヨコの権利義務関係を規律する民事法という広大な領域があります。

　それに対応して，裁判にも，国家が罪を犯したと考える人を裁判所に訴追（起訴）し，その被告人の犯罪事実の認定と刑罰の量を決定する刑事訴訟（刑事裁判）のほかに，原則として私人同士のヨコの権利義務関係についての紛争を裁く民事訴訟（民事裁判）があります。そのほかに行政庁の行った処分（たとえば許可やその取消し）について争う行政訴訟という類型もありますが，本書では取り上げません（図3-1）。

　民事訴訟は，検察官が起訴者となる刑事訴訟と違い，私たち自身が自分の意思と判断で法や裁判所を使うことができるという点で，じつは刑事訴訟以上に，私たちの身近にあるものだということもできます。

3.1.2 私的自治

　民事訴訟において，ある者（原告）が誰か別の者（被告）に対し，なんらかの訴訟上の請求を立てて，その請求について審判するよう裁判所に申し立てるわけですが，その申立て行為のことを「訴え」といいます。

　訴えには，「給付の訴え」「確認の訴え」「形成の訴え」という，3つの類型があります（図3-2）。

　給付の訴えは，たとえば期間を定めて貸したお金や物をその期限が過ぎたのに返してくれない場合，貸主が借主にそれを返せと請求したり，他人の過失が原因で負傷入院した人が，加害者に対して入院・治療費やその間仕事を休んだことによって受けた損害金額の賠償を請求するなどの申立てです。

　確認の訴えは，たとえば自分の所有権がおびやかされているときに，

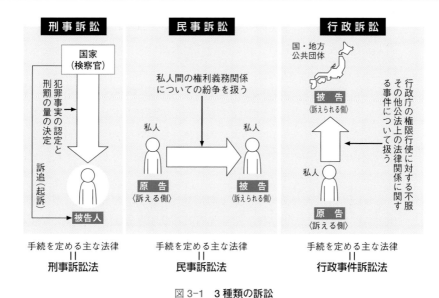

刑事訴訟	民事訴訟	行政訴訟
手続を定める主な法律	手続を定める主な法律	手続を定める主な法律
‖	‖	‖
刑事訴訟法	民事訴訟法	行政事件訴訟法

図 3-1　3 種類の訴訟

コラム ● 自力救済の禁止

　自分の権利が侵害されたときに，司法制度などの国家権力を頼らずに，実力でその侵害を排除して権利を取り戻すことを「自力救済」（刑事法の分野では自救行為）といいます。

　自力救済（自救行為）は，国家権力を頼っている余裕がない緊急の場合に適切な手段で行われるごく一部の場合を除き，原則的には禁止されています。その理由は，個人による実力行使が無制限に許されると，法的な平和という利益が害され，かえって社会全体の不利益になるうえ，正しい者が勝つのではなく強い者がつねに勝つ危険を伴うからです。

　本来は許されていた自力救済（復讐や決闘もその連続上にあります）を禁止し，あるいは厳格な方式に従わせるなどして制限し，それと同時に国家が当事者の実力対決に代わる司法制度を徐々に整備するという歴史の大きな流れは，その変化が生じた時期こそまちまちですが，世界各地で広く観察されることです。この点について興味のある人は，村上淳一『「権利のための闘争」を読む』（岩波セミナーブックス，1983 年），穂積陳重『復讐と法律』（岩波文庫，2002 年），山内進『決闘裁判——ヨーロッパ法精神の原風景』（講談社現代新書，2000 年）を読んでみることをお勧めします。

その土地についての所有権は自分にあることを裁判所に確認してもらったり，他人から身に覚えのない借金の返還を請求されているときに，そのような債務が自分には存在しないことを裁判所に確認してもらうなどの申立てです。

　形成の訴えは，たとえば離婚に応じてくれない配偶者を相手どり，法律の定める「離婚事由」が存在することを主張して，裁判所に離婚を宣言してもらうような申立てです。このような申立ての場合，判決によって一定の権利関係の変動（権利の発生や消滅や変更）が宣言され，形成されることになります。

　もっとも典型的な訴えは，第1の類型である給付の訴え（借金を返せ，損害を賠償しろなどの訴え）ですから，それを念頭に置きながら，民事裁判（民事訴訟）の特徴，とくに刑事裁判（刑事訴訟）との違いを考えてみましょう。

　いちばん大きな違いは，「裁判の開始や進め方について，警察や検察といった国家機関ではなく，あくまでも当事者に主導権がある」ということです。たとえば，借金を約束した期限までに返してくれないという場合や，加害者が不注意にも屋根から道路に投げ落とした物が歩行者の頭に当たって負傷入院したが加害者が治療費を払ってくれないという場合に，金銭の貸し主や被害者である歩行者が借り手や加害者を裁判所に訴えるかどうか，また訴えるとしたら，どのように訴えるかは，あくまでも，貸し主や歩行者が自分で判断する，ということです。

　契約にもとづく金銭貸借の例であれば，借り手がそのお金を返してくれないときに，借金を踏み倒されてもかまわないとあきらめるのも自由，裁判以外の手段で貸した金を返すよう借り手に催促をつづけるのも自由，裁判所という国家機関を通じて借り手に支払いを命じてもらおうと判断して，民事裁判を起こすのも，どれも自由です。裁判を起こす場合に，100万円貸した人が100万円全額の返還請求をするのも自由，その一部（たとえば50万円だけ）を返せと請求するのも，また自由なのです（図3-3）。

　自由平等な個人同士が，契約の締結などを通じて法律関係の形成を自

図 3-2　訴えの 3 つの類型

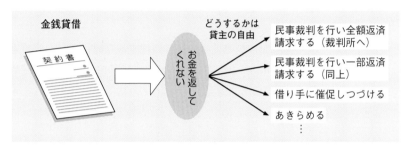

図 3-3　私的自治の例

　原告が裁判を起こすときに誰にどのような請求を行うかは，自分で考えることも可能ですし，弁護士や司法書士といった法律専門家に相談することも可能です。訴えられた被告側が，どうやって自分を防御するかを考えるときも同じです。法律専門家にたんなる相談を超えて裁判をやってもらうよう依頼するかどうか（訴訟代理人になってもらうかどうか）も，また原告や被告が自由に決めればいいことです。訴訟代理を頼める専門家は弁護士です（簡易裁判所の管轄に属する事件であれば司法書士に頼むこともできます）。法を初めて学ぶ人の中には，裁判というと，原告にも被告にも必ず弁護士がついていると誤解している人がいるかもしれませんが，そうではありません。原告・被告双方に訴訟代理人として弁護士がついている例ばかりではないのです（2019 年の第 1 審通常訴訟既済事件で 47% 足らず）。どちらか一方だけにしか弁護士がついていない例や，双方ともに弁護士がつかない例もあります。このように，弁護士や司法書士に訴訟代理人となってもらわずに，自分で裁判をやることを「本人訴訟」といいます。

由意思で行うという原則を「私的自治」といいます。

　もちろん，現実の生活の場面では，契約を締結する自由や契約内容を決める自由が大きく制約されている場面もあります。たとえば，どこかに鉄道で移動するときに，私たちが選べる鉄道会社の数は限られています。しかも，いちいち駅員と値段の交渉をしたりしません。あるいは，電気や水やガスを考えてみますと，それらなしに普通の生活を営むことはできませんから，そもそも供給契約を締結しない自由など，およそありえません。こういったものについては，契約条件（電気料金やガス料金など）があらかじめ詳しく決められていて，それに一括して同意するしか，選択肢はありません。

　このように大量取引について画一的に処理するためにあらかじめ定型化されている契約条項を，「約款」といいます（図3-4）。現代の契約の多くは，消費者がそのような約款を従属的・包括的に受け入れるしかない（付き従うしかない）もので，そういった契約を「附従契約」（または附合契約）と理論上呼ぶことがあります。

　しかし，そのような附従契約があふれている現代でも，たとえばある商品を買うかどうか，誰に頼んでどんな家を建てるかどうか，どのタクシー会社のタクシーに乗るか，どの会社と取引するか，といった自由は広大に残っており，まさにその自由が法理念のレベルでは，いまなお「原則」だと考えてよいでしょう。

3.1.3　処分権主義

　ここまで契約を締結する場面を例にとって話を進めていますが，契約が守られなかった場合にどうするかも，同じように私的自治，つまりは個人の自由意思に原則として任されています。だから，契約を破った相手に対して裁判を起こすことも，起こさないこともできます。

　ただ，裁判を起こしたいという人には，「裁判を受ける権利」が憲法上の権利として強く保障されています。日本国憲法32条に「何人も，裁判所において裁判を受ける権利を奪はれない」とあるとおりです。

　このように，民事訴訟は私的自治の原則のもとに，当事者主導で起こ

```
                    I   総    則
1  適     用
(1)  当社が，一般の需要（特定規模需要および特定電気事業が開始された供
    給地点における需要を除きます。）に応じて電気を供給するときの電気料
    金その他の供給条件は，この電気供給約款（以下「この供給約款」といい
    ます。）によります。
(2)  この供給約款は，当社の供給区域である次の地域に適用いたします。
       栃木県，群馬県，茨城県，埼玉県，千葉県，東京都，神奈川県，
       山梨県，静岡県（富士川以東）

2  供給約款の届出および変更
(1)  この供給約款は，電気事業法第 19 条第 4 項の規定にもとづき，経済産業
    大臣に届け出たものです。
(2)  当社は，経済産業大臣の認可を受け，または経済産業大臣に届け出て，
    この供給約款を変更することがあります。この場合には，電気料金その他
    の供給条件は，変更後の電気供給約款によります。

3  定     義
    次の言葉は，この供給約款においてそれぞれ次の意味で使用いたします。
(1)  低     圧
    標準電圧 100 ボルトまたは 200 ボルトをいいます。
(2)  高     圧
    標準電圧 6,000 ボルトをいいます。
(3)  電     灯
    白熱電球，けい光灯，ネオン管灯，水銀灯等の照明用電気機器（付属装
    置を含みます。）をいいます。
```

（出所）東京電力ウェブサイト

図 3-4　約款の例（東京電力「電気供給約款」の一部）

コラム ● 請求の認諾と訴訟上の和解

　民事訴訟の場合は，いったん裁判を起こした後，あるいは起こされた後に，裁判をやめたり，裁判所の判断を自分たちの意思で排除したりすることも，当事者が原則として自由にできます。たとえば，原告が，訴えを取り下げて裁判所への審判の請求を撤回することもできますし，被告が，原告の請求を争わないで認めてしまいそれを調書に記載させ（これを「請求の認諾」といいます），裁判所の判断（終局判決）を経ないで訴訟手続を終了させることもできます。請求の認諾があった場合，その調書の記載が確定判決と同じ効力をもつのです。

　そのほか，原告と被告が裁判の途中で譲歩しあい，訴訟を終了させることを合意し，その合意を調書に記載することで，確定判決と同じ効果をもたせることもできます。これを「訴訟上の和解」といいます。

したり，起こさなかったりできるのですから，裁判を起こすと決めた場合に，どのような請求を，どのような法律上の根拠にもとづいて，誰に対してするか，という具体的な請求の中身も，訴える側（原告）が決めることになります。

　自分がどのような請求をし，自分の行う請求や自分に対してなされた請求をどう扱うかについては，当事者が自由にその処分を決められるという考え方を，「処分権主義」といいます。

　自分のことは自分で始末をつけるというこの自由は，刑事訴訟にはありません。刑事訴訟においては，原則として，被害者や関係者の自由意思により，訴訟を開始したり終わらせたりすることはできません。犯罪が行われると，たとえ被害者が加害者を許す気持ちになっていたとしても，あるいは加害者が後悔の念をあらわにしていたとしても，そういった意思には制約されずに，警察官が必要に応じて強制的に捜査を行いますし，その後を受けた検察官が，被疑者（日常用語では容疑者といいますが法律用語ではこう呼びます）を起訴するかどうかを公益の観点から決定するのです。

　もっとも，刑事訴訟にも，一定程度ですが，関係者の自由意思に影響を受ける部分はあります。たとえば，被害者のプライバシーや犯罪の軽微性を考慮して，被疑者を起訴するためには被害者の告訴が必要であるとされている犯罪（こういった犯罪を「親告罪」といいます）があります。過失傷害罪，名誉毀損罪，器物損壊罪などがそうです。これらの場合，被害者は，被疑者を起訴させないようにする法律的な自由（告訴しない自由）をもっているということができます。でも，それはあくまでも例外的な一部の犯罪についてだけです。また，逆に，被害者が被疑者の起訴処罰を強く望んで積極的に告訴を行ったとしても，起訴するかどうかを決めるのは検察官の権限です。

　検察官は被害者の意思を参考にはしますが，最終的には公益の観点から，その被疑者を起訴するかどうかを決めますから，必ずしも被害者の意思どおりのこと（たとえば起訴）が行われるわけではありません。やはり，刑事訴訟の場では，被害者が自由意思で事態の進行を支配できる

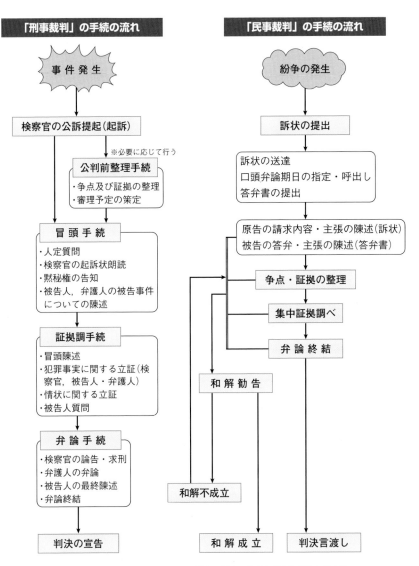

「刑事裁判」の手続の流れ

事件発生

↓

検察官の公訴提起（起訴）

↓

※必要に応じて行う

公判前整理手続
・争点及び証拠の整理
・審理予定の策定

↓

冒頭手続
・人定質問
・検察官の起訴状朗読
・黙秘権の告知
・被告人，弁護人の被告事件
　についての陳述

↓

証拠調手続
・冒頭陳述
・犯罪事実に関する立証（検
　察官，被告人・弁護人）
・情状に関する立証
・被告人質問

↓

弁論手続
・検察官の論告・求刑
・弁護人の弁論
・被告人の最終陳述
・弁論終結

↓

判決の宣告

「民事裁判」の手続の流れ

紛争の発生

↓

訴状の提出

↓

訴状の送達
口頭弁論期日の指定・呼出し
答弁書の提出

↓

原告の請求内容・主張の陳述（訴状）
被告の答弁・主張の陳述（答弁書）

↓

争点・証拠の整理

↓

集中証拠調べ

↓

弁論終結

和解勧告

和解不成立

和解成立　　判決言渡し

図 3-5　2つの裁判における手続の流れ（刑事裁判／民事裁判）

領域は，きわめて限られています。そこが民事訴訟とは決定的に違います。

　以上のような民事訴訟の基本的な特徴を前提知識として強調したうえで，昭和58（1983）年に判決が出たいわゆる「隣人訴訟事件」についてみなさんと考えてみます。

　この事件は，すでにたくさんの論評が公表されている有名事件ですが，本章では，この事件の内容とその顛末を，「法の技術性のもつ意味と限界」という観点から眺めてみましょう。

ある不幸な事故——隣人訴訟事件において認定された事実

3.2.1 思いがけない水死事故

　津地方裁判所昭和58年2月25日判決の認定にしたがうと，この事件のもとになった事故（小さいお子さんの水死事故）は，次のような経緯のものでした。一部省略したり表現を変更したりしたところがありますが，判決文の表現をなるべく生かしつつ，まずは認定された事実を書き写してみましょう。右頁の**ボックス**を参照してください。

　この事故現場は，B夫妻の家からは直線で約4，50メートル離れた地点でしたが，a君は，空き地から事故現場へ至ったものと推認されます。空き地から池に至るまでは平坦部があり，次に斜めに民家の階段を降りる程度の段差となって水際に至っていました。そして，池は当日，水際から5，6メートルがほぼ平坦な遠浅状態のあと大人のひざ位の水深部分があり，ついで3，4メートルの深さになっていました。この深い部分は前年の10月から11月の間に建設会社であるC社が，鈴鹿市内の町の水利組合長で同町自治会長でもある人の依頼により，農業用水確保のため土砂を掘削し，湛水したことにより生じたものでした（図3-6）。

3.2.2 原告が訴えた相手と法的主張

　このような不幸な死亡事故のあと，A夫妻（水死したa君の両親）は，裁判を起こします。原告のA夫妻が訴えた相手（被告）は，まず，①B

■A夫妻（夫をA氏，妻をA夫人と以下呼ぶ）及びB夫妻（夫をB氏，妻をB夫人と以下呼ぶ）の一家は，いずれも昭和49年ころ，三重県鈴鹿市内の農業用溜池の南部に隣接して民間業者により造成された団地に転居してきた。

■両家は翌50年に入り，当初は町内会の隣組役員の関係から交際をはじめ，その後は，A夫妻の息子であるa君と，B夫妻の息子であるb君が遊び友達となり，昭和54年4月からは同じ幼稚園に通園するようになったことから交際を深め，両児も共に遊ぶことが多かった。

■事故当日，B夫妻の家では大掃除をしていたが，午後2時すぎころa君とb君は幼児用自転車に乗るなどしてB夫妻の家の前の団地内の道路を通り，溜池との間に柵が設置されている空地や，溜池との間に柵が設置されていない空地付近で遊んでおり，2時半すぎころ2人はB夫妻の家に戻り，B夫人から氷菓子をもらって玄関口や門前付近でこれを食べたりして遊んでいた。

■そのころ，買物に出かける途中のA夫人がB夫妻の家を訪れ，a君を連れてゆこうとしたが，同児がこれを拒んだことから，B氏の口ぞえもあり，A夫人はa君をそのままb君と遊ばせておくこととし，B夫人に，使いにゆくからよろしく頼む旨を告げ，B夫人も，子供達が2人で遊んでいるから大丈夫でしょうといってこれをうけた。

■A夫人がその場を去った後，10分から15分位の間は，B夫人は両児が団地内道路や空き地で前同様自転車を乗りまわして遊んでいるのを仕事の合い間合い間に視認していたが，その後屋内へ入り7，8分後，次の仕事にとりかかろうとしているところへb君が戻ってきて，a君が泳ぐといって池にもぐり帰ってこない旨告げた（ちなみに，当日は5月にしては気温が高く汗ばむ位の陽気であった）。

■これを聞いたB夫妻は，b君を連れ，本件池へかけつけたところ，b君は池のその場所をさし示したので，B氏はじめ，かけつけた近隣の人達も池中に入り探索した結果，近隣に住む人が水際から約5，6メートル沖の水深3，4メートルのところに沈んでいるa君を発見し，これを引上げ，救急車で病院へ運んだが，既に溺死していた。

夫妻，次に，②鈴鹿市，③三重県，④国，そして⑤建設会社 C 社，と多数に及びました。裁判では，このように複数の相手に対する訴えがなされることもあります。この事件においては，これらの被告に対し，原告 A 夫妻は，総額 2,885 万円の損害賠償金の支払いを求めたのです。

では，原告は，それぞれの被告に対して，どのような法律上の根拠にもとづいて賠償責任があると主張したのでしょうか。原告の主張を具体的にみていく前に，まずはごく一般的・原理的なことを前提として説明しておきましょう。

裁判はあくまでも法にもとづいて行われるもの，法を適用して結論を出すものです。法は，どのような条件が揃っている場合（これを「法律要件」といいます）に，どのような権利義務関係が生じるか（これを「法律効果」といいます）を決めているルールの体系です。したがって，原告は，自分がどのような法を根拠としてその請求を行うのかを，自ら裁判所に伝え，同時にその請求を基礎づける法律要件が存在していることを，自ら裁判において証明する必要があります（図 3-7）。

一方，被告は，たとえば原告が借金を返せという主張をした場合に，それは「借りた」のではなく「もらった」のだと主張するなどして，原告の主張に対する防御を行うことが，もちろんできます。しかし，「自分にその借金を返す法的義務が存在しないこと」を，被告が積極的に完全に証明する必要までは，ありません。そこまでしなくても，原告の依拠する法律的根拠の立証を妨げることに成功すれば，それで十分です。被告が原告の請求を認めず，しかも原告が請求の根拠となる法律要件の存在について証明に成功しなかったときは，「原告が負ける」のが民事訴訟の基本原則なのです。

裁判所が判決を行うためには，主張されている事実があったかどうかを判断する必要があります。でも，現実には原告の請求の根拠となる事実の存否が，最後まではっきりと確定できないということもあります。その場合，裁判所が何も判断できないというのでは，裁判がいつまでも終わらず，裁判所はその役目を果たせないことになりますから，そういう場合は，割り切って，その事実が存在しないものとみなして（擬制し

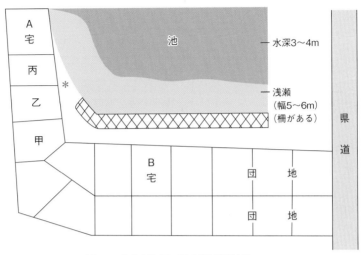

甲, 乙, 丙=子どもが遊んでいた空き地（乙, 丙の前は柵がない）
＊点=子どもが池に入った地点
（出所） 松本恒雄ほか編『日本法への招待 第3版』（有斐閣, 2014年）75頁より一部改変。

図 3-6　事故現場の図

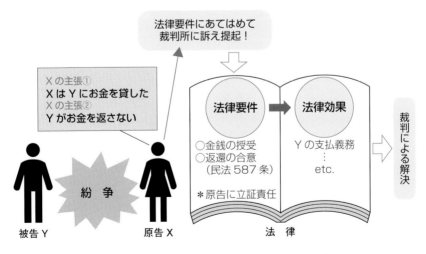

図 3-7　民事裁判による解決（金銭消費貸借の例）

て）しまい，原告の請求をしりぞける裁判を行うというのが，法の考え方です。

このような真偽不明の場面で，裁判所がある事実の存在・不存在を擬制して法律効果の発生や不発生を判断することによって当事者の一方がこうむる不利益を「証明責任」（挙証責任，立証責任）といいます。民事裁判においては，原告が自分の権利主張を基礎づける法律要件の存在について証明責任を負うというのが大原則です。実際の裁判では，被告にも証明責任が「分配」される場面もあるのですが，どのような場合に被告に証明責任が分配されるかは，民事訴訟法や民法を本格的に勉強するときに詳しく学べばいいことで，法学の第一歩を踏み出した段階で大切なのは，まず原則をおさえることです。

なお，刑事訴訟においても，民事訴訟の原告に相当する検察官が，その被告人について犯罪成立要件が存在することを立証する責任を負っており，検察官がそれに成功しない場合は，被告人は無罪となります。しかも，人権保障のために民事訴訟で要求される水準より高い「合理的な疑いを超える」高度な立証をすることが，検察官に要求されています。

3.2.3 原告の主張の整理

以上の一般論をふまえて，この事件について，原告が主張した請求の根拠がどのようなものであったかを確認してみましょう。

79頁〜81頁の**ボックス**に記載したこと（原告の主張1〜5）は，あくまでも「原告の請求」の内容を一部の表現を修正したうえで判決文から抜き出したもの，つまり原告の主張にすぎないことに注意してください。被告側の反論や，裁判所の下した判断は，もう少し後のほうで述べることにしますので，くれぐれもこの点を誤解しないでください。

なんだかごちゃごちゃしていて，よくわからないかもしれません。でも，ご安心ください，わかりにくくて当然なのです。その理由は，このような原告の言い分が「どのような法律要件の存在を主張しているものか」という法的な前提を理解しないかぎり，原告がなぜそのような内容の主張を行っているかは十分には理解できるはずがないからです。

■1. Ｂ夫妻に損害賠償を請求する根拠

　原告Ａ夫妻は，被告Ｂ夫妻に対して，事故当日の午後3時ころ，a君のためにする趣旨でa君についての保護監督を委託し，Ｂ夫妻はこれを承諾したので，その趣旨の準委任契約が成立した。よって，被告Ｂ夫妻は委任の本旨に従い善良なる管理者の注意をもって保護監督の事務を処理する義務を負う。

　原告Ａ夫妻と被告Ｂ夫妻はかねて親密な交際関係にあり，Ｂ夫妻は保護監督の委託を受けたa君が3年4月の幼児であり，しかも活発な子であること，本件池の事故現場付近は急勾配に水深が深まり，防護柵も無く危険な状況であったことを熟知していた。また，原告Ａ夫人が去った後本件池の事故現場近くの空地でa君とb君が自転車に乗って遊んでいるのを被告Ｂ夫人は目撃していたから，このような場合，事故現場に子供らが自転車に乗ったまま転落するか，あるいは自転車から降りて遊んでいるうち事故現場に落ち入る危険性があることは容易に予見することができ，かつ，Ｂ夫妻は，a君を呼び戻すあるいは子供らの側で見守るなどして右の結果発生をいとも容易に回避することができたにもかかわらず，漫然とこれを放置していたため，a君の死の結果を招くに至った。

　よって，Ｂ夫妻は，委任の本旨に従い善良なる管理者の注意をもって保護監督の事務を処理する義務（善管注意義務）を懈怠した。

　仮に上の契約関係が認められないとしても，このような事実関係からすれば，Ｂ夫妻にはa君の監護につき，条理上あるいは信義則上の注意義務があったといわなければならないところ，Ｂ夫妻はそれを怠ったものであるから，民法709条，719条による不法行為の責任は免れない。

■2. 鈴鹿市に損害賠償を請求する根拠

　事故の起きた本件池は，古くは地元Ｘ村の百姓らが紀州侯から「永代支配権」を与えられ，爾来Ｘ村がこれを所持し，支配し管理してきたから，本件池の所有権は，他に所有権移転の経緯がみられない以上地元Ｘの村落共同体を継続した旧Ｘ村に，そして本件事故当時には，同村を合併していた被告鈴鹿市に帰属していた。

　地方自治法2条2項，同3項2号，同4項〔著者注・いずれも旧条文〕は，基礎的な地方公共団体である市町村が溜池を設置し管理し使用する行政事務を行うと規定している。

（次頁へつづく）

ところで本件池には3か所の水の出入口（余水吐等）がコンクリートで設置され，農業用水としての水の入出流はこれら出入口の調整により調節されているが，この設置も管理も鈴鹿市がなしている。

　ちなみに，被告鈴鹿市は，自ら事業主体として昭和51年度に本件池の樋門を8万5500円を支出して改修し，更に余水吐を72万3400円の国庫の補助を受けて復旧工事をなしている。

　鈴鹿市は，本件事故当時，本件池の大部分が掘削されている状況下で水を満水にしているが，本件池付近は，ほとんど全周囲に団地が造成され，釣り人十数名が釣糸を垂れ，あるいは水の無いときは子供らがキャッチボールをしたりして遊んでいた大衆的な場であるから，被告C社に掘削許可を与えた以上，同社がこれを掘り下げて危険な状況を呈した場合，本件事故のごとき溺死事故の発生は当然予見しうるところであるから，管理者としてまた所有者として被告市は，直ちに整地させるか，あるいは危険防止の柵を設置するか等の措置をとり，危険を防止すべき義務がありまた容易にこれを為しえたものであるから，本件池の安全性について国家賠償法2条1項に基づく責任がある。

　しかるに鈴鹿市は，これを漫然と放置してなさず，危険防止の看板すら設置しなかったのであるから，その責任は重大である。

■3. 国に損賠賠償を請求する根拠

　溜池の所有権が鈴鹿市に帰属せず所有者不明の不動産であるとすれば，本件池の所有権は民法239条2項により無主の不動産として，国庫の所有に帰属すると言わなければならない。そうだとすれば，国は，本件池の所有者であるから，国家賠償法2条1項に基づき賠償義務がある。

　すなわち，本件池は，本件事故当時，かんがい用池として利用されており，更に水ぎわ近くまで林立した新興住宅の子らの恰好の遊び場となっていたのであるから，本件池を，岸辺から中央へ1.5メートルのところで水深2.5メートルに達する急勾配の，水難の危険がある状況のまま放置すれば，必ずや子らが転落して溺死する等の水難が生ずることは容易に予測しえ，防護柵を設置するとか，水辺をスロープ状に浅瀬にする等して容易に水難を防止することができた。上のとおり，本件池がこのような危険な状態にあったのであるから，その所有者である国の管理上の瑕疵があったといわなければならない。

　仮に無主の不動産といえないとしても，所有権の帰属の明らかでない不動産についての管理は条理上国がその義務を負うべきであるから国は右管理義務を懈怠した責任を免れない。

■4. 三重県に損害賠償を請求する根拠

　三重県も国家賠償法2条1項による賠償義務がある。

　本件池は，地域住民の生活と密接な関係があるから，地方公共団体の本来的義務として，地方自治法2条2項により，三重県に，その管理の権限と義務があり，現に，県は国から委託をうけ本件池を管理していたものである。

　すなわち，本件池は，地域住民のかんがい用池として利用されており，更にその水ぎわ近くまで林立した新興住宅地と近接し，その住宅の子らの恰好の遊び場となっていたから，県の管理権限が及んでいるといわなければならない。

　そして，現に，三重県は，本件池の土砂の採取について，建設会社C社に対して許可を与え，昭和51年10月11日から同11月13日までの間，同会社の本件池の土砂の採取掘削工事に立会い，土砂の運搬についても一定の指導・監督を為していた。このことは三重県が，本件池を管理していたことの証左といえよう。仮に，県に，本件池の法律上の管理権限がないとしても，県は，本件池を前述の如く，事実上管理していた。

　以上，三重県は，本件池の管理者として前述のように防護柵を設置したり，水辺をスロープに浅瀬にする等して，水難防止のための安全措置を講ずべきであった。したがって，県の本件池の管理には，瑕疵があったと言わざるを得ない。

　また仮に，県が国の委託を受けて管理していた事実がないとしても，本件池が私人の所有物でないことが明らかである以上，前記の被告会社（C社）に対し，事前に危険性のある状態を長期間放置することのないよう注意指導すべき条理上の義務があると解すべきであるから，これを懈怠していた以上，本件事故につき責任を免れることはできない。

■5. 建設会社C社に損害賠償を請求する根拠

　被告C社は，昭和51年10月11日から同年11月13日までの約1か月余の間本件池の土砂を10トンのトラックで100杯程の量の採取を行ったが，採取後直ちに整地することもせず1年間も前記のごとく水難発生のおそれのある危険な状況のまま漫然放置した以上，民法709条に基づく責任は免れない。

　おもうに，被告C社は，右工事に際し，水利組合や近隣の住民から，整地のうえ10メートル前後のスロープをつける等して安全対策を施すよう要請されており，このままでは子供らが転落して溺死する等の水難の生ずることが容易に予測しえたはずであり，また，容易に整地する等して，右危険な結果を回避することができたからである。

＊判決文の表現をなるべく踏襲しつつ一部修正したうえで見出しと数字をつけた。

原告の主張は立体的な構造になっています。まず，同じ被告に対して，ひとつの根拠にもとづく請求を主張し，そのうえで，もしその請求根拠が認められなくても，別の根拠にもとづいて賠償請求が認められるはずだという二段構えの主張をしています（B夫妻に対する主張）。また，市・国・県はいずれも責任があると主張しているけれども，詳しくみると「溜池の所有者が仮に市でないとしたら，その場合は国が所有者になるから国に責任がある」と述べたりしていますから，被告の市・国・県という行政単位を，単純に並列して責任を論じているわけでもありません。

　こういったニュアンスを多少捨象して，原告の主張を圧縮し，煎じ詰めてしまうと，次のように整理できるでしょう。

1. B夫妻に対しての主張　　B夫妻は，A夫妻との間にa君を預かり安全に見守るという内容の契約（準委任契約）を結んだ。しかし，その契約が要求する監護義務を果たしていなかったため，a君が死んでしまった。したがって，B夫妻には契約違反があり，それにもとづき，A夫妻に対する損害賠償責任がある。仮に，A夫妻とB夫妻の間に契約は存在しなかったとしても，B夫妻には，条理や信義則から子どもを見守っている義務があった。それを怠ってa君が死んでしまったのだから，その場合はB夫妻には不法行為（民法709条）にもとづく損害賠償責任がある。

2. 鈴鹿市と国と三重県に対しての主張　　鈴鹿市と国と三重県（そのいずれか）は，溜池に防護柵を設けたり，スロープをつけたりするなどして，水難事故が起きないよう溜池を安全に管理する責任があったにもかかわらず，それを怠っていたため，a君が死んでしまった。したがって，市・国・県（そのいずれか）には国家賠償法2条1項にもとづく損害賠償責任がある。

3. 建設会社C社に対しての主張　　溜池の土砂採取を行った建設会社（C社）は，土砂採取後すぐに整地してスロープをつけることもせず，水難発生のおそれのある危険な状況のまま漫然と放置していたので，不法行為（民法709条）にもとづく損害賠償責任がある。

　どうでしょう。少しはわかりやすくなりましたか。でも，これでもま

表3-1　原告の請求対象と根拠となった条文

B夫妻（隣家）	・民法656条（準委任） ・民法709条（不法行為による損害賠償）・719条（共同不法行為者の責任）
国	・民法239条2項（無主物の帰属） ・国家賠償法2条1項（公の営造物の設置管理の瑕疵に基づく損害の賠償責任，求償権）
三 重 県	・地方自治法旧2条2項，旧2条3項2号，旧2条4項（地方公共団体の事務の範囲） ・国家賠償法2条1項
鈴 鹿 市	・国家賠償法2条1項
建設会社C社	・民法709条

ボックス ■ 原告主張の根拠となった条文

【民　　法】

239条2項　所有者のない不動産は，国庫に帰属する。

656条　この節の規定は，法律行為でない事務の委託について準用する。

709条　故意又は過失によって他人の権利又は法律上保護される利益を侵害した者は，これによって生じた損害を賠償する責任を負う。

719条1項　数人が共同の不法行為によって他人に損害を加えたときは，各自が連帯してその損害を賠償する責任を負う。共同行為者のうちいずれの者がその損害を加えたかを知ることができないときも，同様とする。
同2項　行為者を教唆した者及び幇助した者は，共同行為者とみなして，前項の規定を適用する。

【国家賠償法】

2条1項　道路，河川その他の公の営造物の設置又は管理に瑕疵があつたために他人に損害を生じたときは，国又は公共団体は，これを賠償する責に任ずる。

【地方自治法】＊いずれも旧条文

2条2項　普通地方公共団体は，その公共事務及び法律又はこれに基く政令により普通地方公共団体に属するものの外，その区域内におけるその他の行政事務で国の事務に属しないものを処理する。

2条3項　前項の事務を例示すると，概ね次の通りである。但し，法律又はこれに基く政令に特別の定があるときは，この限りでない。
二　公園，運動場，広場，緑地，道路，橋梁，河川，運河，溜池，用排水路，堤防等を設置し若しくは管理し，又はこれらを使用する権利を規制すること。　　　　　（二号以外は略）

2条4項　市町村は，基礎的な地方公共団体として，第6項において都道府県が処理するものとされているものを除き，一般的に，前項に例示されているような第2項の事務を処理するものとする。但し，第6項第4号に掲げる事務については，その規模及び能力に応じて，これを処理することができる。

だダメかもしれません。なぜなら，「準委任契約」「条理」「信義則」「不法行為」「国家賠償」といった法律用語や法概念を学んだことがなければ，このような主張の意味がやはりよくわからないだろうからです。

　さて，そこでいよいよ，これらの法律用語・法概念の説明が必要となります。これから述べるような法律用語や法概念についての説明が，法学部の講義や教科書で扱う中心的な内容，少なくともそのひとつになります。

3.2.4　B夫妻に対しての主張における法的論点

1. 委　　任　　まず，「準委任契約」は，民法656条に規定されています。でも，同条をみると「この節の規定は，法律行為でない事務の委任について準用する」とわかりにくいことが書いてあります。「この節」というのは，「民法第3編（債権）第2章（契約）第10節（委任）」のことです。また「準用する」というのは，ある事項についての規定をそれと類似の異なる事項についても（必要な修正を加えたうえで）あてはめることをいいます。

　第3編第2章第10節は「委任」について規定している節です。「委任」というのは「法律行為をすることを委託する」ことを内容とする契約の名前です。「法律行為」というのも，これまた抽象的な概念ですが，契約がその典型例です。たとえば，複雑で高度に専門的な内容の契約を結ぶ必要のある人が，当該契約業務に詳しい専門の弁護士との間で「その契約の締結事務を任せる」という内容の契約を結ぶようなケースをイメージしてください。そのようなものが委任契約の典型例です（図3-8）。

　そのうえで，あらためて，民法656条をみると，法律行為を委任することを内容とするこのような契約（委任契約）について規定しているこの節の規定は，法律行為以外を委任することを内容とする契約（準委任契約）にも同じようにあてはめる，という意味であることがわかります。

　この事件に即して具体的にいうと，原告のA夫妻は，被告であるB夫妻との間で，「a君を預かって監護していてもらうことを内容とする契約を結んだ」と主張しているのです。子どもを預かって監護すること

クローズアップ ● 契約と法律行為

　民法第1編（総則）の第5章は「法律行為」と題されていますが，法律行為という用語の定義は書かれていません。たとえば委任についての規定（民法643条）が「委任は，当事者の一方が法律行為をすることを相手方に委託し，相手方がこれを承諾することによって，その効力を生ずる」とし，準委任についての規定（民法656条）が「法律行為でない事務の委託」についても，委任についての規定を準用するとしていますので，「法律行為」という概念が何を指しているかわからないと，多くの条文の意味もわかりません。

　そこで民法学者の助けを借りると，たとえば大村敦志氏は「法律行為」を「それを行う者の意思表示の内容通りの法的効果が発生する意思表示」（『新基本民法1──総則編 第2版』有斐閣，2019年）と定義し，そのうちもっとも典型的なのは「契約」である，と述べています。法律行為には，遺言のように意思表示の相手方を必要としないものや，団体設立のように複数人の合同の意思表示がなされるものもありますが，申込み・承諾というかたちで双方の意思が対向的に合致する契約を典型例として想定すればいい，ということです。より具体的には，代金の支払いとひきかえに物の交付を約束する「売買契約」などをイメージしてください。

図 3-8　委任契約の例（契約の締結事務の委任）

は事実上の事務であって、「法律行為」にはその定義上あてはまりません。したがって、そのような事柄（事務）を委任する契約は、委任契約ではなく、民法656条の準委任契約となります。

　もし、原告の主張するとおり準委任契約が成立していれば、委任契約についての規定が準用されるわけですから、本来は委任契約に関して定めた「受任者は、委任の本旨に従い、善良な管理者の注意をもって、委任事務を処理する義務を負う」という規定（民法644条）が、準委任契約についてもあてはまります。「善良な管理者の注意」というのは、行為者に通常期待される一般的な注意義務のことです。事務を委任した相手（ここではB夫妻）がそのような注意義務に違反した場合は、「債務者がその債務の本旨に従った履行をしないとき又は債務の履行が不能であるときは、債権者は、これによって生じた損害の賠償を請求することができる」という民法415条第1項の規定にもとづいて、A夫妻はB夫妻に対して損害賠償を請求することができます。

　注意深い読者は、民法415条は「この節」に含まれている規定ではない、ということにお気づきになるかもしれません（図3-9参照）。そして、なのになぜそのような条文が適用されるのか、という疑問を抱くかもしれません。これはたいへん重要で基本的な疑問ですから、ぜひここで説明しておきましょう。

　民法という法律の目次をよく眺めてください。民法の条文は立体的な「入れ子構造」になっています（図3-9）。たとえば、委任に関係する条文は「委任」と題された第3編第2章第10節だけに集まっているわけではないのです。委任についてなんらかの問題についての規定が同節中にない場合は、契約（委任もそのひとつです）一般に適用される規定を集めた「第3編（債権）第2章（契約）第1節（総則）」にその規定がある可能性があります。また、そこにも規定がない場合は、第2章「契約」のみならず、第3章「事務管理」、第4章「不当利得」、第5章「不法行為」までを含む、第3編「債権」（契約も債権の発生原因のひとつです）全体に適用される通則的な規定を集めた「第3編（債権）第1章（総則）」に、それに関係する規定があるかもしれません。さらに、そこ

第1編　総　則（1条〜174条）
第2編　物　権（175条〜398条の22）
第3編　債　権（399条〜724条の2）
第4編　親　族（725条〜881条）
第5編　相　続（882条〜1050条）

第3編　債　権
第1章　総　則（399条〜520条の20）
　第1節　債権の目的
　第2節　債権の効力
　　第1款　債務不履行の責任等（412条〜422条の2）
　　　（債務不履行による損害賠償）
　　415条　①　債務者がその債務の本旨に従った履行をしないとき又は債務の履行が不能であるときは，債権者は，これによって生じた損害の賠償を請求することができる。ただし，その債務の不履行が契約その他の債務の発生原因及び取引上の社会通念に照らして債務者の責めに帰することができない事由によるものであるときは，この限りでない。
　　第2款　債権者代位権（423条〜423条の7）
　　　　　　　　　　　　　　　〈略〉
第2章　契　約（521条〜696条）
第3章　事務管理（697条〜702条）
第4章　不当利得（703条〜708条）
第5章　不法行為（709条〜724条の2）

第2章　契　約
　第1節　総　則（521条〜532条）
　第2節　贈　与（549条〜554条）
　第3節　売　買（555条〜585条）
　第4節　交　換（586条）
　第5節　消費貸借（587条〜592条）
　第6節　使用貸借（593条〜600条）
　第7節　賃貸借（601条〜622条の2）
　第8節　雇　用（623条〜631条）
　第9節　請　負（632条〜642条）
　第10節　委　任（643条〜656条）
　　（委任）
　　643条　委任は，当事者の一方が法律行為をすることを相手方に委託し，相手方がこれを承諾することによって，その効力を生ずる。
　　（受任者の注意義務）
　　644条　受任者は，委任の本旨に従い，善良な管理者の注意をもって，委任事務を処理する義務を負う。
　　　　　　　　　　　　　　　〈略〉
　　（準委任）
　　656条　この節の規定は，法律行為でない事務の委託について準用する。
　第11節　寄　託（657条〜666条）
　第12節　組　合（667条〜688条）
　第13節　終身定期金（689条〜694条）
　第14節　和　解（695条〜696条）

図 3-9　民法の入れ子構造

にもまだ規定がない場合は，第2編「物権」と第3編「債権」の双方に適用される，いわば民法の規律事項のうちいちばん広く適用される通則を集めた第1編「総則」に，規定がある可能性があります。

このように，「編—章—節」という三層構造のうちの，それぞれのレベルについて，一般的に適用される「総則」と，個別的に適用される「各則」が分けられて規定されているため，1つの事柄に適用される条文が，それぞれの抽象度のレベルで，民法という法律のあちこちに点在している，ということになります。

準委任契約は契約のひとつなので，節レベルでの契約についての総則（第3編第2章第1節）の規定や，さらに大きな章レベルでの債権についての総則（第3編第1章）の規定が適用されることは，なんら不思議なことではありません。先ほど話題にした民法415条は，章レベルでの債権についての総則（第3編第1章）の規定のうちのひとつなので，契約のひとつである準委任契約に対しては（準用規定がなくても）当然に適用されるのです。

このような法の基本構造をふまえて，原告A夫妻は，B夫妻に対する「第1段階の主張」として，①B夫妻との間に契約（子どもを預かることを内容とする準委任契約）が成立していること，②B夫妻は子どもを預かる契約をした者として当然守るべき注意義務を守らなかったこと，③そのことの結果としてa君が死亡したこと，④このように契約の本旨に従った履行をしなかったB夫妻はその結果生じた損害を賠償する責任があること，を具体的な事実に即して主張しているのです。

2. 不法行為　さらに，A夫妻は，B夫妻に対して，「第2段階の主張」もしています。仮に契約が成立していないとしても，なお，B夫妻に損害賠償責任があるというのです。その理由は，B夫妻の行いが民法709条の定める「不法行為」に該当するからだ，というのです。

したがって，A夫妻はここでも，B夫妻との関係において，右頁の**クローズアップ**に整理した諸要件が満たされていることを，主張しています。その際，いちばんの焦点になるのは，はたしてB夫妻には「過失」があったかということです。権利侵害，損害の発生，因果関係の存在と

　民法 709 条が，損害賠償を請求する権利が発生する要件として明示的に定めているのは，①故意または過失の存在，②他人の権利または法律上保護される利益の侵害，③損害の発生，④故意または過失による行為と損害の発生との間の因果関係の存在，という 4 つの要件です。具体的な事実に即して，この 4 つの要件が満たされると認められれば，不法行為にもとづく損害賠償責任が法律上発生し，裁判所が損害賠償請求を認めてくれます。

　それぞれの要件の意義や解釈が重要ですが，ここでは①の故意過失についてのみ，少し補足します。故意と過失の区別は，刑法上は重要な意味をもちます。たとえば故意犯である殺人罪（刑法 199 条）と過失犯である過失致死罪（刑法 210 条）の法定刑を比べると，前者の法定刑の上限が死刑であるのに対し後者は罰金 50 万円ですから，文字どおり雲泥の差です。しかし，不法行為では故意であっても過失であっても損害賠償責任が発生するので，この区別は刑法ほど重要な意味をもたず，過失の有無の限界が重要な問題となります。

　このように，「過失がなければ責任はない」のが民法上の大原則（過失責任の原則）ですが，例外的に過失がなくても損害賠償責任が認められる場合もあります。たとえば製造物責任法にもとづく損害賠償請求のためには，原告は製造者に「過失」があったことまでを証明する必要はなく，製造物に「欠陥」があったこと（当該製造物が通常有すべき安全性を欠くこと）を証明すれば足ります（製造物責任法 3 条）し，大気汚染防止法にもとづく損害賠償請求のためには，事業者の過失はまったく問題にする必要はなく，工場の事業活動に伴う健康被害物質により人の生命または身体が害されたことが証明できれば十分です（大気汚染防止法 25 条）。これらは損害の公平な分担と補填という観点から，民法上の過失責任の原則に現代的な修正を施したものです。

いった要件の立証は，B夫妻の過失さえ立証できれば，クリアするのは容易でしょう。

　ただ，この主張は，原告と被告との間に準委任契約が成立していなかった場合であることを前提とした「第2段階の主張」ですから，B夫妻の過失の存在を主張するうえで，「子どもを預かる契約をしたのにきちんと見ていなかったのだから過失がある」と論じることはできません。そこで，契約の代わりにA夫妻が持ち出している根拠が「条理」と「信義則」です。

3. 条　理　「条理」というのは，物事の筋道，という意味で，明治8（1875）年の「裁判事務心得」（太政官布告）に，「民事の裁判に成文の法律なきものは習慣に依り習慣なきものは条理を推考して裁判すべし」という規定が含まれていました。この規定を根拠に，具体的内容があらかじめ定まっていない条理が今でも直接の法源であるとするのは難しいでしょうが，法の解釈が道理にかなったものであるべきこと，物事の筋道から外れたものであってはならないことは確かなので，明文規定のない問題については，条理も法解釈を支える基礎のひとつに，たしかになりうるでしょう。

4. 信義則　一方，「信義則」は民法に明文で規定されています。民法1条2項には，「権利の行使及び義務の履行は，信義に従い誠実に行わなければならない」とあります。相手方の信頼を裏切らず，誠実にふるまうべきだというこの原則は，民法の基本原則のひとつであることが，広く認められています。

　原告A夫妻は，B夫妻との間に，a君を預かって監護するという契約が認められない場合でも，条理や信義則という一般原則から被告B夫妻にはa君の安全を守る注意義務があり，同夫妻がそれに従わなかったので，民法709条の過失の存在が基礎づけられる，と主張したのです。

3.2.5　B夫妻以外に対しての主張における法的論点

　次に，目を転じて，原告A夫妻が市・国・県に対して行った主張と建設会社C社に行った主張もみておきましょう。話を進める便宜上，

主張① 準委任契約が成立しているから契約
　　　 違反であり，損害賠償責任がある

もし仮に契約が成立していなかったとしても……

主張② 不法行為による損害賠償責任がある

民法 709 条

「故意又は過失によって他人の権利又は法律
上保護される利益を侵害した者は，これに
よって生じた損害を賠償する責任を負う。」

一般原則を根拠
に709条を解釈

条理，信義則

個別ルールは氷山の一角。
水面下で一般原則が支える。

図 3-10　**条理と信義則**

順序を入れ替えて，建設会社 C 社に対する主張からみたほうがわかり
やすいので，そちらから論じます。

　原告の被告 C 社に対する請求の根拠は，いま論じたばかりの民法上
の不法行為責任です。したがって，ここでも 89 頁の**クローズアップ**に
示した 4 つの要件の存在が問題になります。原告の言い分では，C 社は
溜池の土砂を大量に採取した後，整地してスロープをつけるといった安
全対策を施すことなく，水難発生のおそれのある危険な状況のまま漫然
と放置した以上，民法 709 条が要求する過失があり，同条にもとづく責
任は免れないというものです。そのような過失が原因で a 君が死んでし
まったという「因果関係」の存在の主張もこの中に含まれています。

　次に，原告の行政庁（鈴鹿市・国・三重県）に対する損害賠償請求の
法律上の根拠は何だったでしょうか。こちらは民法 709 条ではありませ
ん。原告が請求の拠り所にしたのは，民法ではなく国家賠償法 2 条 1 項
の規定です（83 頁の**ボックス**参照）。

　同規定によると，国や公共団体（県や市）が，損害賠償責任を負うの
は，①公の営造物について，②その設置管理に瑕疵があり，③その瑕疵
が原因で他人に損害を生じたとき，です。

　原告は，事故が起きた溜池が，①国や公共団体が管理する「公の営造
物」であり，②そこに防護柵を設けたり，スロープをつけた浅瀬にした
りするなどの水難事故防止策を施していなかったのはその「設置管理」
に「瑕疵」があったもので，③それが原因で自分の子どもが死んでしま
ったのだから，国や公共団体に損害賠償義務がある，と主張したのです。

　原告の A 夫妻は，以上の根拠をもとに，具体的な賠償額を計算し，
約 2,885 万円の損賠賠償を請求しています。原告の主張するその内訳は，
①a 君の逸失利益（約 955 万円），②a 君の慰謝料（500 万円），③葬儀
費用（30 万円），④A 夫妻の慰謝料（1,000 万円），⑤弁護士費用（400
万円），を足し合わせたものです（115 頁参照）。なお，①と②について
は，本来，その請求権をもつのは a 君本人ですが，死亡によりその請求
権が親である A 夫妻に相続されているのです。相続では，親の財産（逸
失利益請求権や慰謝料請求権も含まれます）が子に引き継がれるという

クローズアップ ● 請求権の相続

　人の死亡により，「相続」が開始されます。死んだ人を「被相続人」，その財産を相続する人を「相続人」といいます。相続の効力について，民法は「相続人は，相続開始のときから，被相続人の財産に属した一切の権利義務を承継する。ただし，被相続人の一身に専属したものは，この限りでない」（民法896条）と規定しています。

　一切の権利義務を承継するので，動産・不動産の所有権，債権，無体財産権（特許権，著作権など）などすべての財産（積極財産）が継承されると同時に，債務（典型的には借金）などの消極財産も承継されます。一身専属的な権利義務として相続対象にならないものとしては，扶養義務や芸術作品を作る契約上の債務（たとえば絵を書いて売る契約を結んでいた画家が死亡しても，相続人はその絵を仕上げて引き渡す義務を相続しない）などがあります。

　相続対象となるかどうか議論があるのは，「生命侵害による損害賠償請求権」です。とくに即死した場合は，その人は一瞬にして権利主体ではなくなってしまうので，損害賠償請求権を取得できないのではないかという原理的疑問があります。また，損害賠償請求権のうち精神的苦痛に対する損害賠償（慰謝料）請求権については，死んだ人に一身専属的な請求権ではないかという疑問があります。この点について学説はまちまちに分かれ，裁判所の理由づけの仕方も時代とともに変遷しています。

　本章で扱った判例は，死亡した子（被相続人）の慰謝料請求権も親（相続人）に相続されるという考え方を採用しているので，それに合わせて本文の解説を書きましたが，被相続人の慰謝料請求権は相続されないと考える説も有力です。この論点は民法（不法行為）の教科書類には必ず取り上げられている論点ですから，詳細はぜひそちらを読んで確認してください。

典型的な場合だけでなく，このように，子の財産を親が相続するということもあります。

3.2.6　被告の反論

　以上のような，原告の主張に対して，被告は，それぞれ 95 および 97 〜99 頁の**ボックス**のように反論しました。ちょっと込み入った話になってきましたので，ここで被告側の反論を整理しておきましょう。

1.　B 夫妻の反論　　まず，B 夫妻は，準委任契約違反だという原告の主張に対しては，

　　（ア）法的な契約を成立させる意思（効果意思）がなかった（1–①）。

　　（イ）契約が仮に外形上は準委任契約であっても，無償であるから準委任契約に要求される善管注意義務を伴わない契約であると，民法条文を類推適用して解釈すべきである（1–②）。

と主張しています。契約は効果意思がないから成立しないし，仮になんらかの契約が成立していたとしても，典型的な準委任契約より低い注意義務しか要求されない契約だと考えるべきだ，というのです。

　また，不法行為だという原告の主張に対しては，

　　（ウ）予見可能性がないから過失はない（1–③）。

と主張しています。つまり不法行為にもならないというのです。そのうえで，

　　（エ）もし，なんらかの法的責任が課されることになったとしても，このような事情が考慮されるべきだ（賠償責任の量が減らされるべきだということでしょう）（1–④）。

とも付け加えています。

2.　市，国，県の反論　　次に，市，国，県ですが，こちらの主張も入り組んでいます。しかし，それを大きく整理してしまうと，次の（ア）〜（オ）のいずれかにあたります。

　　（ア）溜池はそもそも「公の営造物」にあたらない（2–④，3–②）。

　　（イ）仮に公の営造物だとしても「設置管理」の法的権限をもつのは自分ではなく，自分は事実上の管理もしていない（2–①，2–②，2–⑤，

ボックス ■被告の反論

■1. B夫妻の反論

1-①事故当日に原告が主張する応答があったとしても，それは近隣のよしみによる儀礼的な挨拶であり，法的効果意思を伴うものではない。

1-②仮にそのような応答が外形上，準委任契約にあたるとしても，無償行為である以上，民法551条1項，同法659条（青木注・ともに旧規定）が類推適用されるべきである。ちなみにB夫妻は自己の子と同一状況でa君を看守していた。

1-③B夫妻の行いは，社会的意識水準，近隣者間の儀礼的行為であり，権利義務の社会関係とは認められないことからみて，そこに社会的非難に値するところはない。さらに行為の状況も各自宅前及び空地で遊んでいたものでありその地理的関係から危険を感じることはなかったことなどからみて，自転車遊びから水遊び，ことに入水といったことは予見可能性の範囲をこえるものであるというべきで，B夫妻に過失ありとして不法行為としての責任が生ずる余地はなく，本件は不慮の事故というほかない。

1-④仮に何らかの責任があるとしても前記の諸事情が斟酌さるべきである。

■2. 鈴鹿市の反論

2-①溜池は無主の不動産であり，国の所有に属する。この溜池は市が所有する溜池の台帳にも記載されていない。

2-②市が溜池樋門の改修に補助金を支出したこと，余水吐の復旧工事をなしたことは認めるが，地元の要請に応じ関与したものであって池の管理権限によるものではなく，各設備の操作管理はいずれも管理者たる水利組合によってなされている。市に本件池の管理権限及び管理責任はなかった。

2-③市は，原告が主張するように被告C社に工事の許可を与えたこともなく，また工事により溜池が掘り下げられたこと自体を全く知らなかった。

2-④溜池は，慣行的にX町水利組合が独占的かつ排他的に使用管理しているものであり，したがって本件池は公共の用に広く供されているものではなく本件池は国家賠償法にいう「公の営造物」にあたらない。

2-⑤地方自治法は，たんに地方公共団体の処理しうる事務の種類を掲げているにすぎず，それを根拠に，本件溜池が市内にあるとの理由で市に本件池の管理責任があるとする主張は失当である。

2-⑥仮に市に一般的抽象的な管理権限（管理責任）があるとしても，本件事故は被告C社の掘削工事に起因するとみられるところ，前記のとおり，市はこの事実そのものを知らなかったのであるから，A夫妻のいうような注意義務の懈怠はない。

（97頁へつづく）

3-①，3-③，4-①，4-②）。

（ウ）仮に自分が設置管理する公の営造物だとしても，本件の場合はその設置管理に「瑕疵」はない（2-③，2-⑥，3-④，4-③）。

（エ）仮に公の営造物の設置管理についての自分の瑕疵が問題になりうるとしても，本件の場合は「因果関係」がない（4-④）。

（オ）仮に上記の主張が認められず自分になんらかの責任が課されるとしたら，a君をきちんとしつけたり，当日監護したりしていなかったA夫妻の過失も重大なので，過失相殺が行われる（賠償額が過失比率に応じて減額される）べきである（2-⑦，3-⑤）。

こうしてみると，原告の請求同様に被告の反論においても，すでに紹介した①準委任契約に関する民法の規定，②不法行為に関する民法の規定，③国家賠償に関する国家賠償法の規定が，結局は議論の拠り所になっています。原告も被告もそれをつねに念頭において，それらの規定に権利発生の条件として要求されている「法律要件」の有無についての議論を，具体的な事実に即して行っているということが，理解できると思います。

3. 建設会社C社の反論　　最後に，B夫妻と同じく不法行為責任を問われた建設会社C社は，同社の行った工事と死亡事故の間に因果関係はない（5-①）と主張し，不法行為は成立しないと反論しました。

3.2.7　津地方裁判所の判断

さて，以上のような原告の請求と被告の反論をうけて，津地方裁判所はどのような判断を下したでしょうか。

鈴鹿市・国・三重県の国家賠償法上の責任および建設会社C社の不法行為責任は否定され，市・国・県とC社に対する原告の請求は棄却されましたが，B夫妻の不法行為責任が認められ，同夫妻に対する原告の請求は一部認容されました。

ちなみに，「棄却」というのは，裁判所に対する申立てに根拠がないと裁判所が実質を判断して，それをしりぞけることです。それに対して申立て自体が法律上許されない違法な申立てだとして実質的な理由の有

2-⑦市に仮に損害賠償責任があるとしても，A夫妻には本件事故の発生につき重大な過失があり相殺されるべきである。a君は事故当時3才の幼児であるから，親権者であるA夫妻らはa君の第1次的な監護義務を負うものであるところ，A夫人はこれを怠り，a君を本件現場近くで，b君と遊んでいるのを放置して買物に出かけ，その間a君の監護を全くしなかった。本件事故の直接の原因はA夫妻のこのような義務懈怠によるものである。

■3. 国の反論

3-①溜池は歴史的に地元の村落共同体が本件池を独占，排他的に支配，利用してきたのであり，また，その後も地元地区ないし地元水利組合が本件池を独占，排他的に使用していた。溜池の所有権は，明治維新後に近代的土地所有権制度が確立した段階において本件池を最も強力に所持し，支配していた者に帰属するところだが，本件池はもともと地元X町の百姓が紀州侯から「永代支配権」を与えられ，かつ，現実にこれを所持し，支配してきたのであるから，本件池の所有権は，他に所有権移転の経緯がみられない以上，地元Xの村落共同体を継承した旧X村に，そして事故当時には，同村を合併していた鈴鹿市に帰属していたというほかはない。

3-②本件池は，国家賠償法2条の「公の営造物」にあたらない。同法にいう「公の営造物」とは，所有権の帰属に関係なく行政主体が公の目的に供した物的施設をいうものであるところ，地元地区ないし地元水利組合が本件池を独占，排他的に使用していたのであって，本件池が広く一般人のために供されたことはなかったものである。そのうえ仮に本件池が公共の用に供されていたものであったとしても，本件池は，村落共同体ないし地元の市町村に，もしくは水利組合に引き継がれ，かんがい用水として利用してきたものであり，国は，本件池が築造されてから本件事故当時に至るまで，本件池の設置にも管理にも全く関与していなかったのであり，国において公共の用に供したという事実は全くなかった。

3-③仮に，本件池が被告国の所有に属し，かつ公共の用に供されている公共物であったとしても，その管理主体は地方自治法にてらし，国ではなく地方市町村であることは明らかであるから，国に管理の瑕疵責任があるという主張は理由がない。

3-④国家賠償法2条1項の営造物の設置，管理の瑕疵とは，営造物が通常有すべき安全性を欠いていることをいうものであるところ，この瑕疵の存否は，当該営造物の構造，用法，場所的環境及び利用状況等諸般の事情を総合考慮して具体的，個別的に判断すべきものであり，当該事故が営造物の管理者において通常予

（次頁へつづく）

測することができない行動に起因する場合には，瑕疵はないものとされている。本件の場合に，仮に本件池が公共物であり仮に被告国が本件池の管理者であったとしても，その管理に瑕疵はなかった。事故は水辺から5，6メートル位中にある深みにa君が入って溺死した事故であるが水辺から5，6メートルは安全な遠浅になっていたのであるから，a君らが水辺で遊ぶだけならば危険は全くなかったものであるところ，幼児とはいえ，5月に水辺から5，6メートルも池の中に入っていくことは，通常予測できないことであり，本件事故はこのように被害者の異常な行動によって発生したものであるから，仮に被告国に本件池を管理する義務があったとしても，その管理に瑕疵はなかったものと言わなければならない。

3-⑤国の以上の主張がすべて容れられないときは，以下のとおり予備的に過失相殺の抗弁を提出する。本件事故は，a君の異常な行動によって発生したものであるところ，a君をそのような状況に至るまで放置しておいた監督義務者であるA夫妻の義務懈怠の責任は重大である。すなわち，客観的にみて，A夫人が買物に出かけて留守にする時間が極く短時間であったこと及びA夫人が買物に出かけた所は場所的にも近くであったことと，さらに，A夫妻と，B氏，B夫人との交際の程度からみて，本件の場合には，被害者の監護責任をA夫妻が完全に離脱し，その監護権がB夫妻にのみに帰属していたというものではなく，両者の関係においては，せいぜいB夫妻に被害者の監護についてその両親であるA夫妻の補助者としての立場にしか過ぎなかったとみるべきものであり，また仮に，A夫人が監護者としてB夫妻を選任（全面委託）したとしても，A夫人の委託の仕方，その確認等が不十分であったのみならず，当時多忙であったB夫妻を選任したこと自体が不適当な監護者を選任したというべきで，公平ないし信義則の見地からいずれにしても被害者側の過失として評価されるべきである。したがって，被害者の監護義務を怠ったA夫人ないしその補助者であるB夫妻の責任は重大であるから被害者側の過失として十分斟酌されなければならないものである。

■4．三重県の反論

4-①溜池の歴史的経緯及び本件池をX町水利組合が維持管理していることは被告国の主張するとおりである。

4-②地方自治法は，溜池を設置し若しくは管理し，又はこれを使用する権利を規制することは，基礎的な地方公共団体である市町村の行政事務である旨規定しており，県には，地方自治法上その管理について責任はない。本件溜池についていえば，地域住民の福祉に直接最も深い関係をもつ基礎的な地方公共団体である鈴鹿市が，行政事務としてその管理に当るべきであり，現に市は本件溜池の余水吐及び樋門の改修工事を単独あるいは前記水利組合と共同施工しており，同市は

右水利組合と重畳的に本件池を管理してきたとみることができる。

4-③仮に本件池について，県が管理すべき立場にあったとしても県に管理瑕疵の責任はない。すなわち，原告らが住んでいた池の下団地から本件池へは，団地内道路に接する民有空地を経て本件池に達するものであるところ，右空地と本件池との境付近は段差になって傾斜しながら水際に達し，その先，5ないし6メートルが遠浅（大人のひざ位の水深）の状態になっており，本件池は民有地との境から急に深くなっていたものではないから，農業用溜池としての効用はともかく，危険な状態であったということはできないし，当時のa君の身長は1.1メートルであるから，水際で水遊びをする程度であれば，右の池の状況からすれば，全く危険性のなかったものであるところ，a君は5ないし6メートルも中心部に進んだため（泳ぐ目的で進んだ可能性が大きい），溺死したものであるから，かかる結果についてまで県が管理瑕疵の責任を問われるいわれはない。

4-④A夫妻が転居してきた当時a君は生後6ヶ月で，以後，本件事故発生により死亡するまでの間，当地で生活して来たのであるから，その成長過程において本件池を含むあらゆる周辺の地勢・地形を徐々にではあるが認識し得たはずであり，また，A夫妻が親としてもこれら池を含む周辺の状況及びそれに対する対応について十分子供に教え諭すべきであった。したがって，本件事故は，A夫妻の一方的な過失により発生したものであり，遠方からたまたま当地を訪れ，事故に遭遇した場合と同一に論ぜられるべきではなく，仮に管理瑕疵が問題となる余地があるとしても，本件事故との間に因果関係はない。

■5. 建設会社C社の反論

5-①C社が本件池の土砂を掘削し10トン車（ダンプ）で100台分を搬出した工事はX地区の水田水不足対策のため，同地区自治会長の依頼により行った奉仕工事（県の許可の関係は全くない）で，期間は昭和51年11月末ころから始め翌52年2月末日に完成した。池南側の住宅地から掘削部分まで7メートルは離れており，工事の性質上底面を整地する必要は全くなく，工事完了後，増水されたもので，場所からいっても工期からいっても本件事故とは全く因果関係はない。

*判決文の表現をなるべく踏襲しつつ一部修正したうえで見出しと数字をつけた。

無を判断せず，いわば「門前払い」することを「却下」といいます。この2つの言葉は混同しやすいので，注意してください。

津地方裁判所の判断は次のようなものでした。

1. 鈴鹿市に対する請求について　市は溜池の所有者であり水利組合と重畳的に溜池を事実上管理していたので，国家賠償法の適用を受ける。しかし溜池は水泳場や釣漁場等として一般に開放されていたものではなく，ことに本件事故現場付近の状況は，造成民有地から本件池へ直接転落するといった危険性を有するものではなく，水際付近も遠浅の状態にあったもので5，6メートル以上も池の中心部に向かって進まない限り何等事故発生の危険性を有しないものであったと認められるから，このような場合に親その他の監護者の保護をはなれた幼児らが上のような所為に出て事故発生に至ることを予見してこれを防止するため防護柵等の設備を設けるべき法的義務が当然に管理者にあるものとは認めがたく，設置管理に瑕疵があるというA夫妻の主張は採用できない（鈴鹿市の責任を否定）。

2. 国と三重県に対する請求について　国と三重県は溜池の所有者ではなく管理していた事実を認めることができないから，国家賠償法にもとづくA夫妻の請求は失当である。また条理にもとづくとする主張もA夫妻の独自の見解に依拠するものであり採用できず，国と県に対する請求はいずれも理由がない（国と三重県の責任を否定）。

3. 建設会社C社に対する請求について　溜池の掘削の目的，掘削状況，事故現場付近の状況からすれば，法律上掘削に際し，満水後掘削現場跡付近まで進入し，深みに入る幼児等のあることまで予見し，これを防止するため，ゆるやかなスロープをつけて掘削するまでの注意義務が建設会社にあったとすることはできず，したがって同社に対するA夫妻の請求もその前提を欠き，理由がない（建設会社C社の責任を否定）。

4. B夫妻に対する請求について　B夫妻の損害賠償責任については，それを一部認め，A夫妻のそれぞれに263万円あまり（総額526万円あまり）の損害賠償金を支払うことをB夫妻に命じた（B夫妻の責任を肯定）。

ボックス ■B夫妻に対する津地方裁判所の判断

■①契約不履行責任の否定

　認定される事実関係からすれば，原告A夫人と被告B夫妻との応答は従前から近隣者として，また同一幼稚園へ通い遊び友達である子供の親として交際を重ねていた関係上，時間的にも短時間であることが予測されるところでもあり，現に子供らが遊びを共にしていることを配慮し，近隣のよしみ近隣者としての好意から出たものとみるのが相当であり，A夫妻がa君に対する監護一切を委ね，B夫妻らがこれを全て引受ける趣旨の契約関係を結ぶという効果意思に基づくものであったとは認められないから，準委任契約の成立を前提とするA夫妻の債務不履行の主張は，失当である。

■②不法行為責任の肯定

　しかしながら，B夫人は，A夫人が去った後，子供らが乙地で自転車に乗って遊んでいるのを認識していたのに加え，その場所と溜池との間には柵などの設備がなく，水際まで子供らが自由に往来できる状況にあったこと，掘削により水深の深い部分が生じていること，a君が比較的行動の活発な子であること，本件池への立入りをきびしく禁じていたb君の場合と異なり，a君は渇水期にはA氏と共に水の引いた池中に入り，中央部の水辺までいっていたことなどをB夫妻は知っていたものと認められ，かつまた，当日は汗ばむような気候であったのであるから，乙地で遊んでいた子供ら，ことにa君が勢のおもむくまま水際に至り，水遊びに興ずることがあるかもしれないこと，したがってまた深みの部分に入りこむおそれがあることは，B夫妻にとって予見可能なことであったというべく，そうだとすれば，幼児を監護する親一般の立場からしても，そのような事態の発生せぬよう両児が乙地で遊んでいることを認めた時点で水際付近へ子供らだけで立至らぬように適宜の措置をとるべき注意義務があったものといわなければならないから，そのような措置をとることなく，両児が遊んでいるのをそのまま認容していた以上，これによって生じた結果につき，被告らは民法709条，719条に基づく責任を負うべきものといわなければならない。

（次頁へつづく）

■③不法行為責任の範囲

　当日B夫妻方は大掃除をしており，B夫妻も平素に比し多忙であったこと，B夫妻の応答は諸般の事情から近隣者としての好意に出たものであることは，原告A夫人においてもこれを認識していた（少なくとも認識しべきものであった）と認められる以上，a君に対する監護のあり方は，現にb君と2人で遊んでいるのを仕事の合い間合い間に看守すること以上には期待できない（たとえば屋内に2人を入れて面倒をみるなど）事情にあることを知りながらB夫妻の好意に期待しa君を残していったものというべく，そうすると，たとえば有償で監護保育を委託するごとき場合と監護のあり方について全く事情を異にするものであることは自明の前提というべきであるから，かかる場合に，よって生じた結果につき，有償の委託の場合などと同様の責任をB夫妻に負担させることは，公平の観念に反し許されない（いうなれば有償の委託の場合などに比し，義務違反の違法性は著しく低い）ものというべきである。

　また本件のごとく既存の溜池に近接して造成された土地に居住する以上，不慮の事故のないよう子供に対し，平素から池に対する接し方をきびしくしつけておくことは親の子に対する監護のあり方として当然なすべき筋合のものであるところ，同様の年代にある2人でありながら，a君のみが，泳ぐといって水際から遠浅のところを5ないし6メートルも池の中央部へ進んで深みに入るという行動に出たことは，B夫妻に比し，A夫妻のその点に関する平素からのa君に対するしつけのあり方に至らぬところがあったこともその背景をなしているものと推認できるから，過失相殺の法意を類推し，この点もまたB夫妻の責任の範囲を考えるにつき斟酌すべき事由の一つとなすべきである。

　上の点を考慮すると，損害の公平な分担を考えると本件事故により生じた損害の分担割合は，A夫妻が7に対しB夫妻を3とするのが相当である。

■④賠償額の算定

　そこで進んで損害の点について検討するに，統計資料等に基づく，a君の逸失利益955万3075円の請求は，経験則上これを正当として肯認できるものであるところ，前記分担割合によれば，B夫妻の分担すべき分は，286万5922円（円

未満切捨て）となる。また慰謝料については，認定の諸事情その他記録にあらわれた一切の事情を斟酌すると，a君について100万円，A夫妻については各50万円とするのが相当であり，弁護士費用については，認容額，訴訟の難易度，日本弁護士連合会の報酬等基準規程等を併せ考えると，本件事故と相当因果関係のある損害とみうる部分は40万円（A夫妻各20万円）とするのが相当であるが，葬儀費用30万円についてはこれを認めるに足りる証拠はない。

　よってA夫妻がそれぞれ填補をうけるべき損害は，a君の逸失利益分286万5922円と慰謝料100万円合計386万5922円についての各2分の1の相続分193万2961円と固有の慰謝料50万円，弁護士費用20万円の合計263万2961円となる。

＊判決文の表現をなるべく踏襲しつつ一部修正したうえで見出しをつけた。

　以上の内容を整理すると，まず，①において契約不履行責任を否定し，しかし，②において不法行為責任を肯定し，その認定をうけて，③においてその不法行為責任の範囲を論じ，④において具体的な金額を算定するという順序に議論が進んでいます。この判決で注意していただきたいのは，裁判所は「当事者である原告の請求の趣旨と被告の反論をふまえ，当事者が設定した議論の枠組みの中で，判断を下している」ということです。

　第2章で私は，法は「創造性を発揮できる舞台」なのだと述べました。わが国では，法的な判断は「上から（裁判所から）一方的に下りてくる」というイメージが強いと思います。「判決を下す」という日本語の表現からも，それが読み取れます。

　しかし，現実の民事訴訟においては，議論を組み立てる第一の主役は，裁判所よりむしろ当事者（原告と被告）であり，裁判所は一歩引いた位置から，当事者の法的主張をふまえ，当事者の主張した事実の枠内において判定を下しているということを，この判決から実感していただけるでしょうか。

B夫妻の責任とその範囲についての判決の詳細は，101〜103頁の**ボ
ックス**を参照して下さい。裁判所はB夫妻の契約責任は認めず，不法
行為責任を認めたのです。

3.2.8　この判決に対する日本社会の過剰反応
　B夫妻の不法行為だけを認めた判決の法的判断については，民法学者
たちの間でも，いろいろな議論があります。B夫妻に対して不法行為に
もとづいた責任を認めるのではなく，むしろなんらかの契約の成立を認
め，それを前提にB夫妻の責任を論じるべきだったのではないかとい
う意見や，B夫妻の賠償責任を認めるべきではなく，むしろ国家賠償法
にもとづき公共団体に賠償責任を認めるべきだったのではないか，とい
った意見もあります。
　その点は，読者のみなさんが今後民法を本格的に勉強する際に再度考
えていただきたいことですが，ここでは深入りはしません。本書で私が
みなさんに自問していただきたいことが，2つだけあります。原告夫妻
の裁判を起こす行動をどう思うか，どう感じるかということがひとつ。
そして，裁判所が原告夫妻に与えた最終的な救済（526万円あまりの賠
償金）ついてどう思うか，どう感じるかが，もうひとつです。
　みなさんは，お子さんを亡くした原告夫妻の気持ちも，その行動もよ
く理解できるし，裁判所の与えた金銭賠償という救済も適切だったと考
えるでしょうか。それとも，隣人夫妻を裁判に訴えるという原告の行動
や，裁判所の金銭賠償という救済に，なにか釈然としないものを感じる
でしょうか。もし，多少なりとも釈然としないものを感じるとしたら，
どのような理由からそのような感じがするのかを，ここでいったん立ち
止まって考えてください。そのうえで，次に進んでいただきたいのです。
　じつは，この判決に対する日本社会の当時の反応は，きわめて特異な
ものでした。判決が出たのは，昭和58（1983）年2月のことでしたが，
すぐにマスコミで報道されました。新聞報道の多くは判決に批判的なト
ーンの見出しがつけられ，「隣人の好意につらい裁き」という見出しの
もと，原告の実名や住所を報道した記事もありました（図3-11）。

隣人の好意につらい裁き

預かった子供が水死――
近所の親に賠償命令

津地裁判決

「ちょっと出かけますので子供をお願いします」「ええどうぞ」ごくありふれた親しい隣人同士のやりとりに、どんな法的責任が伴うのだろうか――ため池で水死した長男が近所の人と関、三重県、鈴鹿市などに総額二千八百八十五万余円の損害賠償を求めた訴訟の判決言い渡しが二十五日午前、上野初認裁判官は被告夫婦に五百二十六万余円の損害賠償支払いを命じる判決を言い渡した。四、三重県、鈴鹿市と砂利採取業者については責任はないとの判断を示した。

訴えていたのは■■■■さんと妻の■■さん。訴えられたのは■■■さん、その妻の■■さん夫妻。

三重県、鈴鹿市と同池で土砂採取をした業者一社、さらに池の所有者となられた国、三――当時三歳――■■の監督をAさん夫妻に頼んだが、三十分後に■■君は近くのため池で水死していた。このため、■■さん夫妻は池の所有者と、地元の水利組合長である■■さんを相手どり、当日■■君を預かっていた■■さん夫妻について訴えていた。

池の所有者となられた国、三――当時三歳――■■の監督をAさんに頼み、買い物のため田で出かける際、■■さんは近所のAさん宅でAさんの三男=当時四歳=と遊んでいた長男の■■君=遊んでいた長男の■■君

昭和五十二年五月八日午後、■■さんが夕食の買い物のため田で出かける際、Aさん宅でAさんの三男と遊んでいた長男が何もしなかったので砂利採取のため池をすり鉢状の危険な状態のまま放置していた――として、鈴鹿市の管理責任は認めなかった。また、

何も頼まれなかったのに

被告のAさんは「判決を知らせたくない」と憤慨した。

防災対策訴えたのに　子供の母

判決後、「隣同士のケンカを訴えたのではない。……市に池の安全管理を要求する運動を続けていきたい」と語った。

「祝告らが子供を預かった好意からのもので、被告が監督責任をいっさい引き受けたり、親の当然の筋合い……」とした。

「しかも被告は、池が活発さで、……Aさん夫婦に五百二十六万余円の損害賠償を……」

この判決で、裁判官は、「被告らが子供を預かったのは近所の付き合いという好意からのもので、被告が監督責任をいっさい引き受けたり、親の当然の筋合い……」とした。

同地で土砂採取をした業者に、子供が池の中へ入り事故になるかもしれないとは十分予見できたはず。幼児の親……

また，判決がテレビでも報道されたところ，その直後から，原告のA夫妻のもとには，非難や嫌がらせの電話や手紙やはがきが殺到しました。それだけではありません，A氏はこの判決の翌日に「明日から来なくていい」といわれて仕事を失い，a君のきょうだいは学校でいじめられてしまう，という状況に陥ります。

　第1章で述べたとおり，わが国ではいわゆる「三審制」がとられ，当事者が不服の場合は上級裁判所の判断を仰ぐことができます。この判決についても，それを不服とした被告のB夫妻が控訴をしましたので，裁判所の判断は確定せず，事件は第2審を担当する名古屋高等裁判所に係属しました。念のためにいうと，事件についての審理が高等裁判所に移って続いているわけですから，第1審裁判所の認めた賠償金も支払われてはいません。

　幼いお子さんを水難事故で失い，裁判を起こし，その第1審判決で請求の一部は認められたものの，それが報道されるやいなや，日本社会から激しく陰湿ないじめにあい，仕事を失い，子どもまでがいじめられるというひどい状況のなか，原告のA夫妻は，精神的にも参ってしまい，結局，第2審の途中でしたが訴えを取り下げます（図3-12）。

　民事訴訟法は「訴えは，判決が確定するまで，その全部又は一部を取り下げることができる」（261条1項）と規定しています。これが私的自治の一場面であることはすでに説明しました。もっとも，第1審判決を不服としてB夫妻が控訴し争いつづけていた本件のような場合は，相手方であるB夫妻も裁判所の判決を得ることについての利益をもっていますから，取下げの効果が効力を生じるためには相手方（B夫妻）の同意が必要だとされています（同2項）。

　本件の場合，B夫妻は当初は取下げに抵抗したようですが，結局はA夫妻の訴えの取下げに同意しました。民事訴訟の場合，当事者が訴訟を取り下げて裁判所の判断を求める意思自体を撤回してしまえば，裁判所はそれ以上何の判断もしません。この事件は控訴審段階で取り下げられ，訴訟そのものが「消滅」してしまったわけです。そもそも確定していなかった第1審の判決は（判決文そのものは残されたとはいえ），当然の

子の水死 預かった夫婦に責任

勝訴の両親が訴え取り下げ

いやがらせ殺到 職も失う

裁判受ける権利めぐり論議に

母親が買い物に出かけた留守中に預かった幼児が近くの水たまりに落ちて水死した事故で、郡地裁は先月二十五日、子どもを預かっていた近所の夫婦の過失を認め、五百二十六万円を支払うよう命じる判決を下した。ところが、夫婦は二十七日未明、預死児側を全面的に受け入れる原案に応じ、原告の両親は一日、判決から手続をしているが、敗訴の取り下げを申し入れた。この裁判は敗訴がからなかったのだという。判例で、敗死の取り下げるのは異例で、今後、「裁判を受ける権利」、地域社会のあり方をめぐる論議も呼びそうだ。（23面に関係記事）

五十一年五月八日午後三時ごろ、同市■■さんの長男■■ちゃん（当時三つ）を■ちゃんの近くの■■さんに夫婦と、国、三重県、鈴鹿市の■■さんに対しは、同市■■、会社員■■さんは、■ちゃんの両親で、二千八百八十五万円の損害賠償を求めて提訴した。

判官）は先月二十五日、行政していた近所の■■さんに対し、主婦業の合間を縫って、夫婦と、国、三重県、鈴鹿市の過失の割合を「七対三」とし、■さん夫婦に五百二十六万千八百八十五万円の損害賠償を支払うように命じた。

（朝日新聞：昭和58年3月8日付朝刊）

図 3-12　判決の報道②：「勝訴の両親が訴え取り下げ」
（朝日新聞：昭和58年3月8日付朝刊）

ことながら当事者に対する裁判としての法的強制力を一切もちません。残されたのは後味の悪さだけです。

　A夫妻が，訴訟を取り下げずにはいられなくなった理由は，日本社会の陰湿な圧力によるものでした。したがって，この事件は，裁判を受ける権利が憲法に規定されているわが国において，見ず知らずの他人からの圧力により，その基本的な権利の行使が妨害された事例だとみることができます。

　実際，事態を重くみた法務省は，異例の「見解」を発表します。それは，右頁の**ボックス**のようなものでした。

3.3 法の技術性とその限界──隣人訴訟事件の教訓

　さて，先ほど，みなさん自身に，隣人訴訟事件の第1審判決についての感想を自問してくださるようお願いしました。どうだったでしょうか。

　この判決が出てからすでにかなりの年月が経過しています。そのため，日本社会の支配的な価値観や法についての理解度も変わっている可能性があります。しかし，それでもなお，みなさんの中にも釈然としない思いや，ひっかかるものを，少しは感じた方がかなりいらっしゃるのではないでしょうか。

　たとえば，お子さんを亡くしたA夫妻の悲しみは痛いほどわかるけれども，しかし，隣人B夫妻を裁判に訴えて損害賠償を請求するという行動には共感できないという方はいませんでしたか。つまり「原告の行動への釈然としない思い」をもちになった方です。あるいは，愛する子を失った親が求めることができる法的救済が，どうして金銭賠償なのだろうかという原理的な疑問を抱いた方がいらしたかもしれません。それはいわば「法のあり方に対する釈然としない思い」です。

　原告の行動や，法の定め方に対するこういった直観的で人間的な「釈然としない思い」が生じる原因は何でしょうか。そして，私たちはそこからどのような教訓を引き出せばいいのでしょうか。本章の最後にそれを考えてみます。

ボックス ■法務省の見解（昭和58年4月8日）

「本件は，訴えを提起したこと自体やその後の訴訟上の対応などを非難した多数の侮辱的ないし脅迫的な内容の投書や電話が原告及び被告のもとに殺到したため，原告は第1審で一部勝訴したにもかかわらず訴えそのものを取り下げざるをえなくなり，また第1審で一部敗訴し控訴した被告も原告の訴えの取り下げに同意せざるをえなくなったものであって，そのため裁判を受ける権利が侵害されるに至った事案である。

いうまでもなく，裁判を受ける権利は，どのような事実関係であっても，自己の権利または利益が不当に侵害されたと考える場合には，裁判所に訴えを提起してその主張の当否についての判断及び法的救済を求めることができるとするものであり，国民の権利を保障するための有効かつ合理的な手段として近代諸国においてひとしく認められている最も重要な基本的人権のひとつであるところ，前記のような多数の者の行為により，これが侵害されるに至ったことは人権擁護の観点からは極めて遺憾なことというほかはない。

法務省としては，かねてより自らの権利を主張する場合にあっても，相手の立場を配慮し，互いに相手の人権を尊重することが必要である旨強調してきたところであるが，本件を契機として，国民ひとりひとりが，法治国家体制のもとでの裁判を受ける権利の重要性を再確認し，再びこのような遺憾な事態を招くことがないよう慎重に行動されることを強く訴えるものである。」

（星野英一編『隣人訴訟と法の役割』有斐閣，1984年）

3.3.1 裁判を起こしたことはよかったのか

　まず，原告の行動についての疑問からいきましょう。このような疑問が生じるとしたら「そもそも裁判を起こすなんていうことは，相手に全面的な最終戦争を挑むことと同じである。原告があえて問題を裁判沙汰にして親切な隣人の責任を追及するなんてまったく気が知れない」といった考え方にもとづくものでしょうか。このような考え方は，近代個人主義の「理念」とは形式的には相反することが明らかです。

　しかし，生身の私たちは，抽象的・理論的な「社会」の中に生きているのではなく，ひとりの生活人としてあくまでも具体的・現実的な「世間」の中に生きているのですから，このような疑問を前近代的で未熟で遅れた感覚だとして嘲笑したり一蹴してしまったりするのは，法学が現実社会の紛争解決を中心的課題のひとつにする限り，それもまた浅薄な態度だと思います。

　それでは，この疑問から何を問題として取り出せばいいのでしょうか。そこが考えどころです。

　憲法が，裁判を受ける権利を基本的人権のひとつとして明記している以上，私たちは裁判所を利用して法の適用を求めるという行動に無用な嫌悪感をもつべきではないことは，一般的にいうぶんには間違いないことでしょう。とくに，損害賠償請求訴訟は，損害の公平な負担を決めることを主要な目的としますので，訴訟提起を被告に対する人間的な非難や復讐と同視するのは乱暴すぎる考えです。教育と学習を通じて，そのような誤解は徐々に日本社会から払拭していかなければなりません。でも，それには時間がかかります。遠い先の将来ならいざ知らず，隣人訴訟事件のように，具体的な権利行使が社会の強固な価値観と衝突してしまった場合，教育や学習がその衝突をすぐにやわらげる力にはなってくれないでしょう。

3.3.2 法的紛争解決の手段

　特異な経過をたどったこの事件については，後日多くの論評と反省が行われました。議論されたたくさんの論点の中に，社会における紛争解

　日本人の法意識をめぐる議論が，約半世紀にわたり続いています。きっかけとなったのは，野田良之，川島武宜という2人の東大教授（当時）が発表した見解でした。野田は1966年に日本法への入門書（*Introduction au droit japonais*, Dalloz）をフランスで刊行し，その中で「日本人は法が嫌いだ」と述べました。その究極の原因は日本人の性格型にあるというのです。一方，川島はその翌1967年に『日本人の法意識』（岩波新書）という本を著し，日本人は権利意識，契約意識，所有権意識のいずれも弱く，訴訟を起こさず和解を好むこと指摘しました。

　日本人の文化的特徴を強調する見解には，後年さまざまな異論が出されます。たとえばジョン・ヘイリーは，1978年の論文で，日本人の「訴訟嫌い」は神話であって，訴訟率の低さの原因は文化的要因ではなく，日本の法曹人口の少なさや，法制度の無力さに求められるべきだと主張しました（この論文の全訳として，ジョン・ヘイリー（加藤新太郎訳）「裁判嫌いの神話（上・下）」，判例時報902号，907号）。

　また，大木雅夫は，『日本人の法観念――西洋的法観念との比較』（東京大学出版会，1983年）の中で，西洋的法観念と東洋的法観念のステレオタイプ化に警鐘を鳴らし，日本人の権利意識は歴史的にみてけっして低かったとはいえず，さまざまな史料には西洋同様の「権利のための闘争」を行った日本人の記録が残っていると指摘しました。

　さらにマーク・ラムザイヤーは，『法と経済学――日本法の経済分析』（弘文堂，1990年）において，予測可能性説と呼ばれる斬新な説を唱えました。この考え方の基本になる重要な前提は，①人は利益を極大化するように行動する，②日本においては裁判所が出す判決の予測が原告・被告の両当事者にとって容易である，ということです。原告被告とも裁判所が命じる賠償金額についての予想が一致するならば，訴訟を最後までやって（コストをかけて）判決を得るよりは，予測される判決金額を念頭において和解し，訴訟コストを節約したほうが，原告被告の双方にとって（判決を得るよりも）得になります。ラムザイヤーは，日本人の訴訟率の低さは，このような合理的選択の結果として説明できる（少なくともそのような仮説と矛盾しない）というのです。

　野田，川島，ヘイリーの説は，因果関係の説明方法は違いますが，いずれも「日本社会では本来実現すべき権利や法が実現していない」とするものであったのに対し，ラムザイヤーの説では，日本では裁判所の判決とほぼ同じ結果が判決をまたずして和解を通じて実現しているのだから，日本は「法が良く実現している」社会であるという正反対の結論になります。

　なお，近年では，これらの諸説の有効性を訴訟類型ごとに緻密に分析する著作も出てきています。その代表例として，ダニエル・フットの『裁判と社会――司法の「常識」再考』（溜箭将之訳，NTT出版，2006年）を挙げることができます。

決のあり方はどのようなものであるべきなのか，裁判以外に何か紛争処理の仕方はなかったのか，双方の依頼した弁護士は適切な行動をとったのか，といった論点がありました。まさにそのような点が重要だと，私は思います。

最終的な権利確定手段としての訴訟提起は，憲法規範にまで高められた基本的な権利の行使ですから，法の価値観としてはその自由は当然尊重することが前提となります。しかし，同時に，一足飛びに訴訟のことだけを考えるのではなく，訴訟の周辺に重層的に存在するさまざまな紛争解決手段のことを考え，それらも充実させる必要があります。

裁判（訴訟）に代わる紛争解決手段を，「裁判外紛争処理」（ADR；Alternative Dispute Resolution）と呼びます。たとえば，当事者の相対交渉，行政や弁護士会の相談，各種の仲裁や調停の仕組みなどは，すべてその例です。法的紛争は，究極的には訴訟を通じて裁判所が審判するべきものです。でも，そこまで行かなくてはいけないということではなく，もっと柔軟に，もっと低いコストで，紛争が当事者の満足いくかたちで解決できるのであれば，当事者（原告と被告の双方）にとって願ってもないことでしょう。訴訟とその周辺にある裁判外紛争処理，そして，さらにいえば，そのまた周辺を取り囲む道徳や宗教といった無形のものまで含めた大きな見取り図の中で，法と裁判の果たすべき役割の確認や，それらの使い勝手の改良（たとえば裁判の迅速化や司法サービスへのアクセスの向上など）を考えていく必要があります。

これに関連していうと，法律問題について私たちの相談相手となる弁護士も，当事者に訴訟を促してその訴訟代理人として働くことだけを職責とする職業ではありません。実際，弁護士法は「弁護士の使命」を広く次のように規定しています。「弁護士は，基本的人権を擁護し，社会正義を実現することを使命とする」（1条1項），「弁護士は，前項の使命に基き，誠実にその職務を行い，社会秩序の維持及び法律制度の改善に努力しなければならない」（同2項）。基本的人権や社会正義の実現に努めるその仕方は，具体的な事件や依頼者の特性との関係で千差万別でしょうし，そもそも人権侵害や社会的不正義が行われにくい社会を作る

コラム ● ADR と ADR 法

　民事紛争を解決するためには，紛争当事者が直接話し合って解決方法について合意をするという方法が，ひとつの極にあります。この方法は，当事者の力関係や人柄などのさまざまな要素にその成否や合意内容が影響をうけるため不安定な解決方法です。

　一方，その反対の極には，裁判所に訴訟を起こして判決によって権利義務関係を確定してもらうという方法があります。この方法は，国の裁判制度という公営の制度を利用し，厳格な手続によって，公開の法廷で，裁判官や弁護士（本人訴訟ではない場合）といった法律専門家の関与のもと，法律に照らして紛争を解決するものなので，公正さが強く保障されますし，判決が確定した場合は強制執行が可能になるので，もっとも強力・確実な紛争解決方法でもあります。

　ただ，この方法は，まさにその形式性・法律性・専門性・公営性の強さゆえ，コストが高い，時間がかかる，わかりにくい，柔軟な解決が難しい，秘密が守れない，といった欠点も合わせもっていますから，訴訟とは別に，公正で専門的な知見をもった第三者が関与する多様な紛争処理（代替的紛争処理）の仕組みが，社会の中にたくさん準備されることで正義へのアクセスの間口が広がり，国民の利益にかないます。

　このような，裁判外紛争処理のことを ADR といいます。わが国には，①司法型 ADR（裁判所の民事調停など），②行政型 ADR（国民生活センターの相談・あっせん，公害等調整委員会・建設工事紛争審査会の仲裁・調停など），③民間型 ADR（各種 PL（Product Liability；製造物責任）センターによるあっせん・調停，財団法人・交通事故紛争処理センターによる相談・あっせん等）といった多様なものが存在します。

　国民の期待に応える司法制度の構築を目標のひとつに掲げた近年の司法制度改革においては，これら全体の共通法規制を整えその利用を促進することが検討され，2004 年に「裁判外紛争解決手続の利用の促進に関する法律」（通称 ADR 法）が制定されました。その結果，民間事業者が行う調停などの民間型 ADR については，認証制度が導入され，法務大臣の認証を受けた ADR に時効中断効を認める（従前はこれが認められず不便でした）など，利便性の向上が図られています。

ことができるのであれば，それがいちばんいいに決まっています。

　そのような観点から，あらためてこの事件をみると，原告にも被告にも訴訟代理人としてそれぞれの弁護士がついていますので，訴訟提起に至るまでの弁護士の関与の仕方や助言活動が適切であったかどうかも検証してみる価値があるでしょう。検証の結果，問題があれば今後の教訓にすべきですし，原告・被告の弁護士の行動がいずれも具体的な状況との関係で適切であったなら，この事件が訴訟に至ったことはやむをえない紛争処理の仕方であったというしかありません。

3.3.3　金銭賠償の問題

　次に，「金銭賠償」という法のあり方そのものに対する疑問について考えてみます。

　この疑問は，この事件に関しては，第1の疑問とも密接に関係しています。なぜかといいますと，Ａ夫妻への嫌がらせやａ君のきょうだいが受けたいじめの中には，「金もうけのためにガキ使うのか」「500万円何に使うんだ」といったものが含まれていたからです。どうやら隣人を相手に裁判を起こしたことへの非難感情が，金銭賠償を請求したということや，裁判所が命じた賠償額が素人目にはかなり多額にみえることによっても，増幅されているようなのです。

　このような非難感情や疑問がわきおこる背景には，この裁判や法に関する正確な理解の欠如という事情があるでしょう。第1に，報道に接した他人は，どうしても「好意から子どもを預かってくれた隣人に金銭賠償が命じられた」という部分だけに目を奪われがちです。しかし，先ほどみたように，原告は，隣人だけでなく，溜池の周囲に柵を設置するなどの事故防止措置を十分に行っていなかったという理由で管理者と思われる市・国・県を訴えていますし，溜池の土砂を採取した後スロープにするなどの措置をとらなかった建設会社も訴えていました。そのうち裁判所が責任を認めたのが隣人だけだったので，隣人を訴えたという部分が必要以上に拡大されてしまったきらいがあります。

　第2に，言い渡された直後の判決は確定していない（実際この事件は

クローズアップ ● 不法行為における損害賠償額の算定

　不法行為にもとづいて被害者やその近親者に発生する損害は，実際に負担・甘受した金銭的損害や本来得られるはずであった利益を逃したことによる損害，さらには精神的な損害など，多種多様です。たとえば加害者の不法行為により被害者が大けがをして入院し，その後治療むなしく死亡し，唯一の身内である一人息子が加害者に対して損害賠償請求訴訟を起こしたという場合を考えると，①入院治療費，②入院中の休業による損害や被害者が死亡せずに生きていたら得られたであろう利益，③死んだ本人の精神的損害（慰謝料），④親を失った子の精神的損害（慰謝料），⑤葬式費用，⑥訴訟を起こすにあたっての弁護士費用など，さまざまな損害が生じます。①，②の請求権は子に問題なく相続されます。③の死亡した本人の慰謝料の請求権も学説には反対論がありますが裁判実務上は相続が認められますから，親の死亡後に残された子は親から相続した請求権と自分自身の固有の請求権（④，⑤，⑥）をあわせて行使することができます。もっとも，たとえば子がおよそありえないほど盛大な葬式をやった場合にまで，加害者にその費用を全額負担させるのは適切ではありません。そこで，判例・学説は，損害賠償の範囲につき，「加害行為と因果関係がある損害について，通常はそのような加害行為からはそのような損害が発生するだろうと考えられる範囲で賠償責任を負う」という立場をとっています。

　死者に生じる損害のうちしばしば多額になるのは，死んだことにより失った利益（生きていれば得られたはずの利益＝うべかりし利益，逸失利益）です。具体的な金額の算定法は，原則として，次の手順で行われます。まず，被害者の年齢の平均余命（厚生労働省が発表している生命表を使う）にもとづいて被害者の稼働可能年数を算出し，それに死亡当時の年間収入を乗じます。次に，そこから本人が生きていたらかかったはずの生活費を差し引きます。そして最後に，中間利息を控除します。本来は将来得られるべきその金額を一時に請求しいわば「前倒しで」受け取るので，将来その賠償金が生むはずの利息分はあらかじめ控除しておく必要があるわけです。ただし中間利息控除の計算方法は複数あり裁判所の採用する方式も一定しません。

　このような定型的処理は効率的である反面，大人の場合は年収により賠償額に大きな差が出る，幼児が死亡した場合に算定の根拠となる男女の平均年収の差があるので女児の死亡の場合に賠償額が低くなってしまう，外国人労働者（短期滞在者や不法労働者）についての損害賠償額の算定が難しい等の問題も生じています。

控訴されて高等裁判所に引き継がれました）ので，500万円を超える賠償金の支払いが命じられたからといって，原告がその金銭をすぐに受け取れるわけではないのです。

　第3に，裁判所の判決の論理も報道に接した人にはよく認識されていなかったと思われます。先にみたように，裁判所は，「子に対し平素から池に対する接し方を厳しくしつけておくことは親が当然行うべきことなのに，同年代の2人（a君とb君）のうちa君のみが泳ぐといって水際から遠浅のところを5，6メートルも池の中央部へ進んで深みに入るという行動に出たことは，被告B夫妻に比べて原告A夫妻の子に対するしつけが十分でなかったと推認できる」ということをはっきり述べたうえで，生じた損害の分担割合は，「A夫妻が7割，B夫妻が3割」とするのが適切だと結論しています。つまり，判決は，損害負担額の算定においては，原告夫妻の「しつけ」が至らなかった点をかなり重視しており，B夫妻の負担すべき額は3割だけで，残りの7割は原告であるA夫妻が自らの落ち度として甘受すべきことである，としているのです。

　第4に，原告が金銭を請求したのは，民法や国家賠償法の規定が認めているのが損害賠償請求を行う権利だからです。死んでしまったわが子を生き返らせることができない以上，裁判所には法律が認める救済，つまり損害賠償（金銭賠償）を求めるしか方法がなかったのです。

　これらの点がきちんと説明されかつ理解されていれば，判決後に原告に対してそこまでヒステリックな攻撃が行われなかったかもしれません。実際，この事件の後，報道のあり方は適切だったのかという問題意識からも，多くの検証作業が行われました。それはまさにこういう反省にもとづくものです。

　ただし，仮に，これらのことがよく理解されたとしても，「法の準備している救済手段が金銭賠償（だけ）であること」に対する一般的・原理的な疑問は，まったく解消されません。

　愛するわが子を水難事故で失った親の，自責の念，悲しさ，くやしさ，喪失感の大きさは，想像するに余りあるものがあります。そして，そのような圧倒的な苦悩を，なんらかの社会的な行動，たとえば訴訟提起の

クローズアップ ● 過 失 相 殺

　不法行為による損害が発生する場面で，加害者に過失があるのはもちろんですが（そうでないと不法行為といえません），被害者側にも過失がある場合があります。たとえば，赤信号を無視して横断歩道を渡っていた被害者をはねて死亡させてしまったような場合が典型例です。

　このような場合の損害賠償額の決定にあたっては，被害者側の過失を考慮し，被害者にまったく過失がない場合より減額するのが正義にかなっています。そのため，民法は「被害者に過失があったときは，裁判所は，これを考慮して，損害賠償の額を定めることができる」（722 条 2 項）としています。これを「過失相殺」といいます。

コラム ● 弁護士費用

　弁護士に訴訟代理人を頼んで裁判を起こしてもらった場合，いったいいくらお金がかかるでしょうか。この答えは簡単ではありません。弁護士費用には多様な費目が含まれるうえ，定価はなく，しかも，事件類型によって難しさや解決に要する時間の長さが違うため，事前にいくらかかるかを正確に計算することはできません。

　一般に，弁護士を訴訟代理人に依頼したときにかかる費用には，①弁護士報酬，②実費の 2 種類があります。①には，着手金，手数料，報酬金，タイムチャージ（弁護士の作業時間・拘束時間に応じて課金される料金）などがあり，②には，収入印紙代，交通費，通信費，コピー代などが含まれます。

　日本弁護士連合会が平成 20（2008）年に実施した弁護士へのアンケート結果をもとにしてつくった「市民のための弁護士報酬ガイド」というパンフレットによると，「知人に 300 万円を貸したが，期限が来たのに返してくれないので返還請求した」という仮想ケースの場合，弁護士名で内容証明郵便を出すと手数料が「3 万円」，さらに訴訟を提起して全面勝訴して 300 万円を回収した場合，着手金が「20万円」，報酬金が「30 万円」という回答がいちばん多く，このケースでは，そのあたりが一般的な相場で，2020 年現在もあまり変わっていないようです。

エネルギーに変換しようというのも理解できます。自分たちが自責の念に苦しむだけでなく，裁判を通じてわが子の死の諸原因を明らかにし，自分たち以外の人たちにも必要な責任をとってもらうことで，亡きわが子に報いたい，そして，その裁判を通じて事故防止の必要性を社会に訴え，わが子の死をけっして無駄にしないようにしたいという，そういう思いです。

しかし，そのために用意されている裁判上の具体的な請求の立て方が，「損害賠償請求」とせざるをえないことに，なんともいえない「もどかしさ」を感じる人もいるでしょう。裁判所に「人間的正義」の実現を期待する気持ちが強ければ強いほど，そのもどかしさは増幅します。私自身も，そのもどかしさを共有できる部分があります。だから，このことは，読者のみなさんに将来も考えつづけていただきたいことです。

たとえば，すでに紹介した弁護士法の規定は，「法律制度の改善に努力」することが弁護士の使命のひとつだと明記していました。でも，それは弁護士だけの使命ではありません。法律を作るのは国会です。そして国会議員を選ぶのは私たち国民です。裁判所に法解釈理論を提供するのみならず，国会議員や国民に制度を提案したりする法学者という仕事だってあります。みなさん一人ひとりが，将来にわたって，いろいろな立場から，より良い救済をえられる法制度（視野を広げると公的救済制度や社会保障制度も関係してくるでしょう）を構想し，提案しあっていくべきなのです。

3.3.4　法の外面性

もっとも，それが口でいうほど容易ではないこともまたたしかです。法が，この事件のような場合に金銭賠償を請求する方法しか認めていないことには，やはりそれなりの理由があり，そこには法の知恵というべき側面もまた存在するのです。ここでは，そのような理由のうち，「法の外面性」ということだけを考えてみます。

もういちど，この事件の原告夫妻の気持ちを想像してみましょう。亡くなったわが子がもう戻ってこないことはわかっていますから，生き返

　隣人訴訟事件については，法学者による詳しい検証と反省が行われ，多数の論評が公にされました。たとえば，小島武司＝クリスチャン・アティアス＝山口龍之『隣人訴訟の研究──論議の整理と理論化の試み』（日本評論社，1989 年）は，それらの論評を詳しく整理・紹介したうえで海外の法学者もまじえてさらに検討を行っています。同書によると，国内の学者による論評の例としては，訴訟提起はコミュニティが崩れて社会が法化した結果である，日本社会の反応は国民の意識の中でいまなお法よりも道理が生きつづけている証拠である，隣人訴訟はウチの争いだからホンネで解決されるべきところにタテマエを押し通そうとしたので反発をかったのではないか，このような事件で手軽に裁判を求めるのははたして適切だったのか，本件は裁判所が職権調停を行うべき事件ではなかったか，日本には子どもが死んだ場合お金をとって解決すべきでないという規範意識があるのではないか，といった多岐にわたる指摘があります。

　また，海外の法学者の反応の中では，裁判所の判断を批判した日本社会の反応に好意的な見解もある一方，カナダ人法学者のクロード・ファビアン教授（モントリオール大学・民法）の次のような指摘が紹介されているのが目を引きます。

　「事件がカナダで起きたとしたら……そもそも大事件には到らなかったでしょう。せいぜいのところ新聞の片隅に小さく掲載されるといった程度の扱いにとどまったのではないかと思われます。……カナダでは，同乗者として車に乗っていた者が，運転者である……隣人の起こした交通事故において，この者を相手として訴えを提起する事例は数多くあり，例えば，隣人の飼い犬に咬まれたとか，隣人のプールで溺れたとかいうことで，隣人を訴えることはよくあることなのです。」

　「肉体的な損傷に対する賠償は，加害者である隣人との調和を維持していくことよりも，はるかに大事なことなのです。事故は隣人の道徳的品位が試される機会であるということができましょう。もし，隣人が，この義務を任意に果たすことを拒否するなら，訴えが提起され，そのため隣人との関係が悪化しても，それはさして重大なことではないのであります。そもそもそういう隣人は，友人としてふさわしいとは信じられないのですから。」（180–181 頁）

らせろという主張をすることはできません。では，次にどうしたいか。おそらく，わが子の死の原因を明らかにし，その原因を作ったと思われる人たちに対し，亡くなったわが子に，そして，自分たちにも，心からあやまってほしい，誠実に謝罪してほしい，と考えるのではないでしょうか。

　苦悩の原因となった人から「心からの謝罪」があれば，たしかにその苦悩が癒されたり，軽くなったりすることは，みな知っていることです。それはなぜでしょうか。まさにそれが「心からの」ものであるからです。重要なのは，謝罪者の外面的な動作（たとえば「頭を深く下げる」）や発せられた言葉（たとえば「ごめんなさい」）の背後にある謝罪者の心のありようなのです。

　そのような心のありよう，心の内面に，法は踏み込むことができません。心という人間存在の聖域というべき領域に，国家権力の発動たる裁判が土足で上がりこむことはできないのです。憲法19条が「思想及び良心の自由は，これを侵してはならない」と規定していることからもわかるように，心に踏み込まないことが，それ自体，法世界の至高の価値のひとつになっているのです。

　さらにいえば，「心から謝れ」と命じることが無意味であることは，判決を受けたものがその命令に従わなかった場合に，強制手段がないことからも明らかです。「ごめんなさい」という文字を書いて届けさせることなどはある程度まで強制可能かもしれませんが，それを発する「心」のありようまでは，いかなる権力をもってしても変えることができません。法が規律できるのは，あくまでも人間の外面的な行動，客観的に認識できる部分だけなのです。

　その点，金銭賠償を命じる判決であれば，敗訴者がその命令に従わない場合，国家権力を通じて最終的に「強制執行」することが可能です。判決が命じた金額が支払われない場合は，申立てをうけた裁判所が財産を差し押さえて，それを競売にかけて換金し，賠償金の支払いに充てることができます。その意味でも，裁判所が金銭賠償を命じることは，現実性の高い救済方法なのです。

クローズアップ ● 慰 謝 料

損害賠償責任の対象となる損害には,「財産的損害」と「精神的損害」があります。財産的損害の中には,治療費を払ったり,物が壊れたりすることによる現実の財産の減少（積極的損害）と,入院期間中に働けなかったため本来得られたはずの利益（うべかりし利益）を得られなかったという損害（消極的損害）があります。

一方,精神的損害の賠償やそのために支払われる賠償金のことを「慰謝料」といいます。「慰藉料」と表記することもありますが,どちらも読み方は同じく「いしゃりょう」です。

財産的損害とは違い,精神的損害を金銭に換算するのは困難です。裁判所の認める慰謝料額が事案の類型ごとにある程度予想できる領域（交通事故など）もありますが,精神的損害の賠償という事柄の性質上,慰謝料額の決定は裁判官の自由裁量による部分がどうしても大きくなります。当事者にとって裁判官が認める金額の予測が立ちにくい反面,裁判官が被害者救済のために柔軟に活用できる利点もあります。

クローズアップ ● 強 制 執 行

近代国家では自力救済が原則として禁止されるので,債務者が義務を履行せず債権者の権利が実現しない場合は,債権者は確定判決や執行証書（公証人が作成した証書で,一定の金銭の支払いを目的とする請求権につき債権者がただちに執行に服すると認める旨が明記されたもの）などを根拠に,「強制執行」（たとえば債務者の所有する不動産を強制的に競売・換価し債権の満足に充てる）を申し立て,国の強制執行権の行使によってその権利を実現するしかありません。このように,強制執行の根拠となる確定判決や執行証書などの公的文書を「債務名義」といいます。

なお,実際に強制執行を申し立てるときは,少額訴訟の確定判決など一部の例外を除き,その債務名義が執行時になお有効であることを裁判所書記官（確定判決の場合）や公証人（執行証書の場合）に公証してもらう必要があります。これを執行文の付与といいます。強制執行は,原則として「執行文の付された債務名義の正本」にもとづいて行われるわけです。こういった強制執行に関する具体的な手続は「民事執行法」という法律に規定されています。

金銭に一種の不浄感をもつ人がいるかもしれませんが，それは金銭それ自体の属性ではありません。金銭は，やりとりする動機次第で美しいものにもなれば，汚れたものにもなります。たとえば大震災のあとに人々の善意から集まる義援金は，まさに「浄財」と呼ぶにふさわしいものでしょう。だから，そのような感覚的な議論を法の世界の議論には持ち込むべきではありません。それどころか，むしろ金銭が価値の共通換算尺度として，もっとも普遍性・通用性をもち，物理的・客観的な損害（壊れた物の値段やけがの治療費）を埋め合わせるものになるのみならず，精神的・主観的な損害を埋め合わせるもの（いわゆる「慰謝料」）にもなることに思いをめぐらせるべきです。

　こういったところに，法の「賢慮」をみることができるのです。

　結局，私たちは，法に「もどかしさ」を感じたとしても，いったん立ち止まって従来の法のもつ「知恵」の側面も確認し，そのうえで，再度，自分の感じた「もどかしさ」を法の改良に生かしていく道を探るという一種の「往復運動」を繰り返しながら，ほんの少しずつ，らせん状に階段を登っていくしかありません。理想の法，あるべき裁判についての理想は高く掲げつつも，法と裁判に過大な要求を性急につきつけて，その要求を即座に実現できない法や裁判にすぐに失望してしまうのではなく，法と裁判の一見冷たい「技術性」の背後にひそむ賢慮の部分を丁寧に発見していくことも，これまた法を学ぶ者の喜びだといってよいでしょう。

―〈読書案内〉―

星野英一編『隣人訴訟と法の役割』（有斐閣，1984 年）

中野貞一郎『民事裁判入門 第 3 版補訂版』（有斐閣，2012 年）

山本和彦『よくわかる民事裁判――平凡吉訴訟日記 第 3 版』（有斐閣，2018 年）

河上正二『民法学入門――民法総則講義・序論 第 2 版増補版』（日本評論社，2014 年）

第4章

法の歴史性

—————裁判と私たちの法意識—————

■ 仏蘭西法律書 ■

明治政府はナポレオン法典の翻訳を箕作麟祥に命じました。写真の「刑法」は
明治3（1870）年に刊行されたものです（一橋大学図書館所蔵）。

4.1 歴史の中の「法意識」

　これまでの章で具体的にお話したように，法は，刑事法も民事法も，じつに人間的な存在です。人間が作り，人間が使い，人間が変えているものです。このことは世界中の法について普遍的にいえることです。

　私たちのさしあたりの関心の対象は日本の法ですが，日本法がどのような体系をもち，その内容としてどのようなルールを含んでいるかについて，みなさんは今後，講義やそれぞれの法分野の教科書を通じて学ぶことでしょう。日本法という全体を構成する法分野はたくさんあり，個々の法ルールの数は膨大ですが，それぞれの法分野の専門家が，すぐれた入門書，概説書，体系書をたくさん書いているので，その点はそちらにゆずります。

　そのかわり，本書では，これまでの各章の問題意識，すなわち，私たち自身と日本法のつながりということを，もう少し掘り下げてみましょう。

　それを考える導きの糸にしたいのは，法や裁判に対して，私たちがもっているイメージや価値観や感情です。これらは，しばしば「法意識」という表現で呼ばれます。

　法意識は，私たち一人ひとりの中にあるものでありながら，私たちを取り囲んできた環境や歴史に制約されています。私たち自身が歴史的な存在であるべく運命づけられているからです。

　たとえば，江戸時代の名裁判官（当時は裁判官という職名はなく奉行と呼ばれました）である大岡越前の物語として有名な『大岡政談』や，古典落語を通じて「三方一両損」という話が伝わっています。このような，過去の話に記録された法意識と，現代の日本人の法意識の間には，一定の連続性を指摘することができます。そして，そのことは，日本法の歴史，すなわち，江戸時代以前の日本法のありようや，明治維新後に始まった西洋法の継受の過程と関連づけて語ることができるでしょう。三方一両損は，いわゆる「大岡裁き」の中でもとくによく知られた話です（右頁の**ボックス**参照）。

ボックス■大岡裁き「三方一両損」

　主人公の職業と名前は，大岡政談では，畳屋（三郎兵衛）と建具屋（長十郎）。ある年末に三郎兵衛は金子３両を借り，手紙の反故に包んで持ち帰る途中，それを落としてしまいます。拾ったのが長十郎。親切な長十郎は，包み紙に「畳屋三郎兵衛様」と書いてあるのを手がかりに，手弁当で江戸中の畳屋をさがし歩き，４日目にしてようやく落とし主を探し当てます。喜んで「さあ受け取れ」と金をさしだすと，三郎兵衛は，一度は落とした金であるし，自分の仕事を休んでまで探してくれたのだから返すに及ばないと，受け取りを拒否します。結局，受け取れ，受け取らないという押し問答から，ついには取っ組み合いのけんかになってしまう。近所の人や家主や名主が出てきてとりなしても，らちがあかず，双方の名主から大岡に裁きを願い出ます。大岡は，両名を奉行所の白洲に呼び出します。古典落語では，ここで，白洲の扉がぞっとするほど怖い音を立てて閉まる様子や，奉行所の役人の横柄さが描写され，三郎兵衛が「だからこんなところに来たくなかったんだ」と本音をもらしたりします。

　すると出座した大岡は，三郎兵衛と長十郎のみならず，奉行所の裁きを求めて順番待ちの列をなしている人たちに聞こえるように，わざと大声でこう言うのです。

　「世間には欲心深き者とかく欲情の出入りをなすこと恥ずかしき事ならずや。しかるをその方ども，一人は落とせし金を拾い，渡世を休み落とし主を尋ね相渡す真実，一人は落としたうえは拾い主の物なりとて受け取らず，あまつさえその事を言い募り喧嘩に及ぶ条，正直すぎるゆえなり。越前守当役をこうぶりし以来，かかる出入り［著者注・民事訴訟のこと］は始めてにて，某も悦しく思い，右の段上へ言上に及ぶところ，御上においても殊の外御満足に思し召し，３両の金をば御金蔵に納められ，別に３両その方どもに下さるるにより，有難く頂戴仕れ。」

　２人の正直さに満足した将軍様が，問題の３両をいったん召し上げたのちに，あらためて別の３両を下さったから受け取りなさい，というわけです。しかし，２人に与えられたのは２両ずつの，合計４両。いぶかしく感じている両名に，大岡は，じつは自分もうれしさのあまり１両出したのだと説明します。

　結局，３両落とした三郎兵衛も，３両拾った長十郎も，大岡自身も，みな１両の損。つまり三方一両損でまるく収まり一件落着，というわけです。

大岡越前は，18世紀の前半に江戸幕府第8代将軍・徳川吉宗の時代に江戸南町奉行をつとめた実在の人物ですが，「大岡裁き」といわれる名裁判物語は，ほとんどが日本や中国の古い名裁判官物語をもとにした創作であることがわかっています。

　しかし，日本人の法意識を探るという観点からは，大岡裁きの話が史実であるかどうかよりも，人々がその話を好んで語りついできたということ自体が，重要な意味をもちます。これらの話は，多くの人の共感を呼び，一種のカタルシスをもたらす話だからこそ語りつがれるわけで，そこには日本人の法意識や理想の裁判官像が，大岡裁きという憧憬に満ちた虚構の中に色濃く投影されていると考えられるからです。

　三方一両損の話から抽出される法意識は，たとえば表4-1のように整理できるでしょう。

　ここで思い起こされるのが，平成21（2009）年5月から始まった「裁判員制度」です。この制度はわが国の司法制度改革の目玉のひとつですが，必ずしも順風満帆な船出をしたとはいえませんでした。

　平成16（2004）年に「裁判員の参加する刑事裁判に関する法律」（通称裁判員法）が制定公布されてその導入が決まってから，それが施行されるまで5年の準備期間があり，その間に精力的な周知啓蒙活動がなされたにもかかわらず，裁判員制度への批判は強く，なかには「施行前の廃止」や「施行の延期」を求めるような厳しい声も上がりました。批判の内容はさまざまで，従来どおり職業裁判官に任せておいたほうがよいという意見もあれば，市民の参加には賛成だが裁判員制度の方式は不適切だという意見もありました。さらに，一般国民を対象とした各種世論調査で「裁判員になりたくない」と答えた人の比率は相当高く，調査によっては7，8割にも達していたことが注目されました。

　つまり，裁判員制度の開始にあたって，多くの国民は，「裁判にかかわりたくない」「裁判所には行きたくない」「いままでどおり判断はえらい裁判官にお任せしたい」という態度を示したわけで，世論調査にあらわれた法意識は，三方一両損から抽出された法意識の一部と，かなり響きあっています。

図 4-1　**大岡越前の墓**

大岡越前守忠相（1677-1751）の墓は，大岡家代々の菩提寺である神奈川県茅ヶ崎市の淨見寺にあります。淨見寺の門前には「大岡越前守菩提寺」と彫られた石碑があり，その側面には大岡が創設した江戸の「町火消し」の纏いの絵柄が彫りこまれています（右の写真は大岡の墓に参詣する著者）。

表 4-1　三方一両損にあらわれた法意識

1. 裁判所は怖い場所，嫌な場所である。
2. 裁判官は人格者であるべきだ。
3. 裁判官はもめごとをまるごとあずかって，その解決に積極的に関与すべきだ。
4. 杓子定規でない柔軟な解決をすべきだ。
5. 金銭を請求するのは強欲なことである。
6. もめごとは当事者個人同士の問題にとどまらず，隣人・大家・名主を巻き込む「みなの」問題である。
7. 勝者と敗者をはっきりさせず「まるく」収めるべきだ。

「大岡裁きの法意識」を育んだ歴史的背景

4.2.1　神判から律令の形成まで

　このような法意識が育まれた歴史的な背景は，いったいどのようなものだったのでしょうか。

　かつて古代から中世にかけて行われていた「盟神探湯」という裁判の手法があります（図 4-2）。人の正邪を判定する際に，その人に潔斎したうえで神に誓いを立てさせたのち，煮え立つ湯の中を手で探らせ，その手が火傷でただれるかどうかをみるのです。正しい者の手は傷つかず，不正な者の手がただれるとされます。

　現代人から見ると科学的に不合理な方法でも，神の呪力を人々が信じている社会では，超越的な存在である神に衆人環視のもとに裁きを委ねるという点において，合理性や公平性や説得力をもったに違いありません。また，熱湯に手を入れる判定方法は，神罰を信じる当時の人々にとってはなおさら怖いものであったでしょうから，そういった判定方法が控えていること自体に（それが使われなくても）偽証や讒言を抑止する強い効果があったとも考えられます。

　このような裁判の仕方を一般的に「神判」といいます。神判は世界各地に広く見出される普遍的な現象です。盟神探湯のみならず，赤熱した鉄に触れさせたり，人を水に投げ込んだり（沈めば正で浮けば邪），毒蛇を入れたところに手を差し入れたりと，いろいろな方法が記録されています。人間を超越した権威を援用して紛争を裁き，それにより当事者とその所属社会を納得させる神判は，裁判の原型だといえます。しかし，その共通の原型から派生した具体的な裁判のあり方は，時代や場所によりじつに多種多様です。

　では，前述のような日本的な法意識（三方一両損的な法意識）は，いつどのように形成されたのでしょうか。その問題を考えるうえでは，7世紀半ばの大化の改新（645 年）から 8 世紀初頭にかけて，日本が中国（唐）の律令を大規模に受け継ぎ（律令の継受），紆余曲折はあれじつに 19 世紀後半の明治維新後までその影響が続いたことが，おそらくとて

図 4-2　**盟神探湯を行う釜**

奈良県明日香村大字豊浦にある甘樫坐神社では，允恭天皇が 415 年に氏姓制度の乱
（あかましにますじんじゃ）
れを正すために甘樫の神の前で盟神探湯を行ったという日本書紀の伝える故事にちな
み，地元の人々が盟神探湯を毎年再現しています。写真の釜で湯を沸かし，手を入れ
る代わりに笹の葉を入れます。釜には「寛政十戊午」（1798 年）の文字が書かれて
います。

コラム●神　判

　盟神探湯のように，有罪無罪の判定を「神」に問う形式の裁判を「神判」といい
ます。神判は歴史上世界各国に広くみられることですが，わが国では，「起請文」
（きしょうもん）
という誓約書を書かせたうえで神意を問う裁判が行われたことを示す記録が古代か
ら近世まで残っています。

　具体的な判定方法としては，一定期間神社に籠らせその間に異変がないかを監視
する鎌倉時代の「参籠起請」，煮えたぎる釜の中から小石を拾って火傷の有無をみ
（さんろうきしょう）
る室町時代の「湯起請」，焼けた鉄片を手の上にのせて火傷の有無をみる戦国・江
（ゆぎしょう）
戸時代の「鉄火起請」などが知られています（詳しくは清水克行『日本神判史──
（てっかきしょう）
盟神探湯・湯起請・鉄火起請』中公新書，2010 年を参照）。

も重要なことです。わが国で唐をモデルとして7世紀終わりから8世紀初めにかけて作られた律令としては，飛鳥浄御原令（689年に諸司に頒つ），大宝律令（701年に成り翌年発布される），養老律令（718年に成る）があります（表4-2）。

「律」は現在の言葉でいえば刑事法に，「令」は行政法にそれぞれほぼ対応し，位階制と結びついた官制のもとで運用されます。法秩序の中心にあるのは序列化された権力構造のもとの刑罰や行政に関するルールであるという律令的な考え方が，12世紀あまりもの長きにわたり，わが国の法のあり方に陰に陽に影響を与えつづけていた可能性が高いでしょう。

もちろん，その間にもダイナミックでバラエティに富んだ法の変遷があります。古代において，中国大陸や朝鮮半島の外国の侵略に備え国内（畿内）の豪族たちを統合するために中国から律令制を学び，いったん天皇を中心とする律令国家体制が整備されます。しかし，徐々に天皇の支配をおびやかす勢力として武士が台頭し，いわゆる封建時代が始まります。12世紀末に鎌倉幕府が成立してからは，東の武家支配，西の朝廷支配，そして両者が朝廷による武士の権威づけで結ばれるという二重構造が出現します。律令（公家法）の影響は限定されこそすれ，なくなったわけではなく，それに並立拮抗するものとして，貴族が支配する荘園ごとに生成した慣習法である荘園法（本所法）や，仏教の発展に伴う寺社法，そして，武士階級に特有の慣習から，道理や正義といった観念を重視した武家法が生まれてきます。

この時代を代表する武家法には，北条泰時が貞永元（1232）年に定めた御成敗式目（貞永式目）があります。鎌倉幕府は元弘3年（1333（正慶2）年），天皇親政をめざす勢力により北条氏が滅ぼされて滅亡，その後は南北朝時代から室町幕府時代を経て，応仁元（1467）年の応仁の乱から戦国時代に突入していきます。戦国時代には家臣団を統制し領国を治めるために各大名が定めた法が発展します。これを「分国法」と呼びます。政治的実権がますます武士に移っていくことにより，律令は背景に退きますが，それでもなお，摂政・関白・征夷大将軍・国司（守）といった天皇によって授けられる律令的諸官職が，戦国武将の権威づけ

表 4-2　律（養老律）の刑罰

1．刑の種類（五刑）：このほかにも没官，贖銅，位階剥奪や免官などもあった。

笞	長さ 3 尺 5 寸の「笞」で尻を打つ。回数は 10 回，20 回，30 回，40 回，50 回の 5 段階。
杖	長さは笞と同じだが径が 1 分太い「杖」で臀を打つ。回数は 60 回，70 回，80 回，90 回，100 回の 5 段階。
徒	現在の懲役刑に相当。拘束具をつけて労役につかせる。期間は 1 年，1 年半，2 年，2 年半，3 年の 5 段階。
流	流刑。配流地により近流・中流・遠流の 3 段階。多くは島流しで，一生帰還を許さない。
死	死刑。執行方法により絞と斬の 2 種。斬のほうが重い。

2．罪の性質（八虐）：律の諸条文から支配秩序を揺るがす罪を分類したもので，とくに厳しく処罰された。

謀反	君主の殺害を謀る罪。
謀大逆	御陵・皇居の損壊を謀る罪。
謀叛	亡命・敵前逃亡・投降などを謀る罪。
悪逆	直系尊属に対する暴行，直系尊属への殺人を謀ること，二親等以内の尊属・長上と外祖父母に対する殺人の罪。
不道	大量殺人，残虐な殺人，呪術による傷害殺人など非人道的な罪，二親等以内の尊属・長上と外祖父母に対する暴行・告訴告発・殺人を謀ることの罪，四親等以内の尊属・長上に対する殺人の罪。
大不敬	大社（伊勢神宮か？）の損壊，大嘗祭の御幣や天皇の衣服調度類を盗むなど天皇に対し不敬にあたる諸罪。
不孝	祖父母・父母を告訴告発・呪詛するなど，直系尊属に対する諸罪で悪逆ほどは甚だしくないもの。
不義	主人や国守，師を殺すなど，礼や義に反する諸罪。

（出所）　井上光貞他『律令（日本思想大系 3）』（岩波書店，1976 年）などをもとに作成。

クローズアップ ● 御成敗式目

　御成敗式目は，当時，実効性や威厳を失いつつあった律令（公家法）ではなく，武家社会の先例や慣習や条理を基礎とし，武家社会の実情を反映した基本法というべきものでした。そして，その編纂は，鎌倉幕府の慣例を明文化して整理することにより，裁判の公平と統一を図り，それを人々に広く周知すると同時に濫訴を防止することも目的としていました。式目は全 51 カ条からなり，①所領に関する規定，②犯罪と刑罰に関する規定，③訴訟に関する規定，④守護・地頭に関する規定，⑤社寺・僧侶に関する規定，⑥身分に関する規定などが含まれています（詳しくは植木直一郎『御成敗式目研究』岩波書店，1930 年を参照）。なお，御成敗式目の内容については，多賀譲治『知るほど楽しい鎌倉時代』（理工図書，2011 年）に現代語訳と，やさしい解説があります。

に利用されてつづけていたことも忘れてはなりません。

4.2.2 江戸時代の裁判

　江戸幕府以降はどうでしょうか。幕府法や藩法の制定に加えて，村法・町法という自治規約の生成，業者団体である株仲間の仲間法，序列のシンボルとしての律令官位すなわち公家法の残存などにより法世界は多元的でしたが，江戸時代はそれまでの時代に比べて中央集権化が著しく進み官僚機構が発達しました。

　以下では，話を幕府法とその裁判制度に限定しましょう。幕府法の代表的な法典としては，大岡越前を登用した徳川吉宗の時代，寛保2 (1742) 年に編纂された「公事方御定書」があります。この法令集は上・下2巻からなり，上巻には触書，書付，高札など多様な重要な法令が収められ，下巻には103カ条の刑罰関連法規が収められました。下巻は「御定書百箇条」とも呼ばれています。これらは将軍や老中以下，司法部の機能を果たす幕府上層部のための法典であり，一般に公布・周知されたものではありませんでした。

　江戸の裁判機関としては，評定所や三奉行（寺社奉行，町奉行，勘定奉行）などがありました。近代的な意味での三権分立は存在していなかったので，それぞれの機関が，現代の言葉でいえば行政機関と司法機関，そしてときに立法機関を兼ねていました。

　裁判の種類は大きく，出入筋と吟味筋に分かれていました。それぞれの手続の流れについては図4-3をご覧ください。

　出入筋は現在でいう民事事件におよそ相当し，原告・被告の双方の主張を裁判所（正確にはその機能を果たす機関）が聞いて判断するという，三極構造をもつ手続です。出入筋の手続による出入物は，金公事と本公事に分かれます。金公事は，利息付・無担保の金銭債権に関する給付訴訟を指し，本公事はそれ以外の訴訟です。幕府は前者の訴訟については，積極的に「内済」を奨励し，あるいは「相対済し令」をなんども出すことにより，当事者相互の話し合いによる紛争解決をはかり，裁判所ではそのような訴訟を受け付けないこととしました。

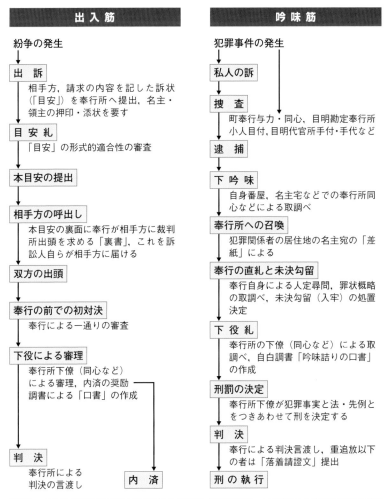

出 入 筋

紛争の発生

出　訴
相手方，請求の内容を記した訴状（「目安」）を奉行所へ提出，名主・領主の押印・添状を要す

目 安 糺
「目安」の形式的適合性の審査

本目安の提出

相手方の呼出し
本目安の裏面に奉行が相手方に裁判所出頭を求める「裏書」，これを訴訟人自らが相手方に届ける

双方の出頭

奉行の前での初対決
奉行による一通りの審査

下役による審理
奉行所下僚（同心など）による審理，内済の奨励
調書による「口書」の作成

判　決
奉行所による判決の言渡し

内　済

吟 味 筋

犯罪事件の発生

私人の訴

捜　査
町奉行与力・同心，目明勘定奉行所小人目付，目明代官所手付・手代など

逮　捕

下 吟 味
自身番屋，名主宅などでの奉行所同心などによる取調べ

奉行所への召喚
犯罪関係者の居住地の名主宛の「差紙」による

奉行の直糺と未決勾留
奉行自身による人定尋問，罪状概略の取調べ，未決勾留（入牢）の処置決定

下 役 糺
奉行所の下僚（同心など）による取調べ，自白調書「吟味詰りの口書」の作成

刑罰の決定
奉行所下僚が犯罪事実と法・先例とをつきあわせて刑を決定する

判　決
奉行による判決言渡し，重追放以下の者は「落着請證文」提出

刑 の 執 行

（出所）　水林彪『封建制の再編と日本的社会の確立』（山川出版社，1987 年）掲載の図に著者水林氏が修正を加えたものを転載。

図 4-3　出入筋・吟味筋の手続

吟味筋は現在でいう刑事事件におよそ相当し，捜査・訴追・審判をすべて兼ねた裁判官（に相当する役人）により，犯罪者に刑罰を科す，二極構造の糺問主義的な裁判手続です。吟味筋事件は内済で済ませることはできません。有罪判決を出すには自白が必要十分条件であり，吟味は「吟味詰りの口書」と呼ばれる被疑者の自白調書を作ることで完結します。自白を取るための手段として拷問もしばしば加えられました（図4-4，図4-5）。

　このように，江戸幕府は，犯罪については拷問を伴う厳しい糺問を行う一方，私人間の金銭紛争については冷淡な態度をとり，その結果，私人間の紛争を解決する基準となる「私法」分野の法令が，犯罪訴追や権力関係を規定する「公法」分野の法令に比べて，十分に発達したとはいいがたいところがありました。

　このことは，律と令を中心に法規範の世界ができている大和朝廷以来の伝統と連続しています。現代の私たちが，法や裁判と聞くと，なによりも刑法や刑務所を連想してしまうのも，じつはこのような長い歴史的伝統と関係しているかもしれません。

　なお，そうはいっても，陪審裁判や裁判員裁判の考え方につらなるような「仲間裁判の伝統」が，わが国の歴史上まったく存在しなかったというわけではありません。

　たとえば，中世の一揆契約状の中には，争いが生じたときには「一揆中寄り合い，両方の文書を披見せしめ，理非に任せ」決着すべきことや，「先づ近所の人々，馳せ寄り，時儀を宥むべし。若し猶以て難儀に及ばば，一揆一同会合せしめ，道理に任せて」裁決すべきこととする条項（14世紀後半，永徳4（1348）年と嘉慶2（1388）年の「松浦党一揆契諾状」の例）が見られ，一揆を形成する平等主体の自律的な紛争解決方法も，たしかに存在したことがわかります。ただ，こういった考え方が，律令的な価値観にとって代わり，支配的な裁判制度として定着することはなかった，といえそうです。

図 4-4　**江戸時代の拷問の例：笞打**（明治大学博物館所蔵）

自白しない罪人に対して牢屋敷の穿鑿所で行う最初の拷問です。両腕を背に回して縛り，竹の笞で縛った両肩を打ちます。

図 4-5　**江戸時代の拷問の例：石抱責もしくは算盤責**（明治大学博物館所蔵）

罪人が笞打で自白しないときに穿鑿所で行う第 2 段階の拷問です。三角に削った木材を 5 本並べた算盤板の上に正座させ，両ひざに 1 枚 50 キロ近い伊豆石を積み上げていきます。

4.3 律令体制の復活から西洋法の継受へ

　では，江戸時代が終わり明治維新とともに近代の幕が開けた後の日本法はどうでしょうか。明治維新は，王政復古（restoration）と表現されることがあります。実際，維新直後には律令時代の官職名が二官六省以下（神祇官，太政官，民部省，刑部省，宮内省，外務省など）で復活しました。しかし，法文化の変化という観点からは，明治維新は，復古というよりほとんど革命（revolution）に近い激動の始まりでした。わが国は，明治維新後に古色蒼然とした律令の官職を復活させたあと，短期間のうちに，中国起源の律令制度と決別し，西欧法の自発的継受へと，大きく舵を切っていきます。

4.3.1 フランス法の影響

　明治政府が最初に注目した近代西欧法は，フランス法でした。フランスでは 19 世紀の初頭に，ナポレオンが偉大な立法事業（1804 年の民法典がとくに有名）を成し遂げていたため，明治政府はこの整備されたフランスの諸法典に注目し，早くも明治 2（1869）年に，外国官（現在の外務省に相当する役所）の翻訳御用係であった箕作麟祥（1846-1897）により，ナポレオン諸法典の翻訳が始まりました。わが国の初代司法卿となった江藤新平（のちに佐賀の乱で刑死）は，箕作の訳稿をみてフランス法の優秀さを知り，「誤訳をもまた妨げず，ただ速訳せよ」と箕作の翻訳作業を励ましたといわれています。箕作は語学の達人でしたが，彼のような天才をもってしても，フランスの法典を翻訳する作業は難航しました（右頁の**ボックス**参照）。

　箕作は，フランスの法典を明治初年にいったん訳出したあと，なんども改訳しています（『仏蘭西法律書』）が，同じ条文の翻訳を時代ごとに追っていくと，近代西洋法を構成する原理への箕作の理解（とりもなおさず日本法学界の理解）が徐々に進んでいく様子がわかります。

　さて，箕作がフランス法典の翻訳に苦闘していたのと同じ頃，明治 6（1873）年にパリ大学法学部で教鞭をとっていたボワソナード（第 2 章

「明治2年に，明治政府から『フランス』の刑法を翻訳しろという命令が下りました。……そんな翻訳を言いつけられても，ちっとも分かりませんでした。尤も，全く分からぬでもないが，先づ分からぬ方でありました。どうかして翻訳したいと思うので，翻訳にかかったことはかかりましたところが，註解書もなければ，字引もなく，教師もないというような訳で，実に五里霧中でありました。……誠に朦朧としたことで，翻訳をしました。諸君も，御承知でございましょうが，それを文部省で木版に彫りまして，美濃判の大きな間違いだらけの本をこしらえました。」

図 4-6　箕作麟祥
（国立国会図書館ウェブサイトより）

（大槻文彦『箕作麟祥君伝』丸善，1907年，100-101頁より一部表記を改変）

明治 15 年 1 月 1 日　治罪法施行当時の裁判所制度

```
┌─────────┐   ┌─────────┐
│ 高 等 法 院 │   │ 大 審 院 │
└─────────┘   └────┬────┘
                    │
              ┌─────────────┐
              │  控訴裁判所   │
              │（明治19年5月4日 │
              │ 以降は控訴院）  │
              └─────┬───────┘
                    │
              ┌─────────┐
              │  始審裁判所  │
              └─────┬───┘
                    │
              ┌─────────┐
              │  治安裁判所  │
              └─────────┘
```

明治 23 年 11 月 1 日　裁判所構成法施行当時の裁判所制度

```
        ┌─────────┐
        │ 大 審 院 │
        └────┬────┘
             │
        ┌─────────┐
        │  控 訴 院  │
        └────┬────┘
             │
        ┌─────────┐
        │  地方裁判所  │
        └────┬────┘
             │
        ┌─────────┐
        │  区 裁 判 所 │
        └─────────┘
```

（出所）　最高裁判所事務総局編『裁判所百年史』（大蔵省印刷局，1990年）

図 4-7　裁判所制度へのフランスの影響

最初の裁判所制度（左図）においては下級裁判所の名称は当時のフランス裁判所の名称の直訳となっていました。原語では，「治安裁判所」は "Justice de paix"，「始審裁判所」は "Tribunal de première instance"，「控訴裁判所」は "Tribunal d'appel" となります。

参照）が日本に招聘され，フランス法に範をとった諸法典の起草作業と，日本人に対する西洋法学の教授が始まります。その結果明治前半には，立法，法学教育，裁判所制度へのフランスの影響が一時的にたいへん強くなりました。ただし，徐々にその影響力は衰えていきます。

たとえば，フランス法教育の中心であった司法省法学校は，明治18（1885）年に東京大学（のち帝国大学）に吸収され，歴史的使命を終えます。また，ボワソナードが心血を注いで起草し，明治23年にいったん公布までされた民法典は，日本の国情に合わないという強い反対論（穂積陳重の実弟である穂積八束（1860-1912）（図4-8）の論文「民法出でて忠孝亡ぶ」が有名）の前に施行延期となり，穂積陳重，梅謙次郎，富井政章の3人の帝国大学教授（図4-9）を中心にあらたに作り直すことになりました。

このときの論争を「法典論争」といいます。明治20年代まで，わが国では，主としてフランス法とイギリス法が並行して教授され，仏法派（司法省法学校出身者が中心）と英法派（東京大学出身者が中心）という二学派が生じていました。この両派が激しく争ったのです。仏法派は民法の施行断行を主張し，英法派は施行延期を主張しました。論争の対立軸には，不平等条約改正をめざす外交政策についての政治的意見の違いや，自然法学派（仏法派）と歴史法学派（英法派）の理論的立場の違いに，英法派と仏法派の覇権争いもからんでいました。

法典論争は，結局，施行延期派が勝利を収めたのですが，かといって施行延期派の牙城であった英法派の天下が訪れたわけではありませんでした。フランス法にとって代わったのは，むしろドイツ法だったのです。

4.3.2　ドイツ法の影響

明治20年代後半以降，わが国の法学のドイツ法への傾斜は著しく，「ドイツ法にあらずんば法にあらず」という雰囲気すら生じました。その背景には，わが国の為政者たちの目が大日本帝国憲法（明治憲法）の制定以前からドイツに向けられていたこと，判例法国であるイギリスのコモン・ロー（17頁コラム参照）は短期間の継受には適さなかったこ

図 4-8　穂 積 八 束
（国立国会図書館ウェブサイトより）

図 4-9　富井政章，梅謙次郎，穂積陳重
（明治 28 年撮影）
（『穂積陳重遺文集 第 2 冊』岩波書店，1932 年所収）

コラム ● 穂積陳重のドイツ留学

　穂積陳重は，最初イギリスに派遣され，明治 9（1876）年にロンドンに到着しました。ロンドン大学キングスカレッジで学ぶ一方，イギリスの法曹養成機関である「法曹学院」のひとつ「ミドルテンプル」で学びました。明治 11 年，バリスター（法廷弁護士）の資格を取得したのち翌明治 12 年，「独逸国へ転学の願書」を田中不二麿文部大輔に送付し，ドイツ（ベルリン）への転学を日本政府に乞います。

　穂積がドイツに転学を希望する理由としてその「願書」の中で挙げているのは，①留学前から通算して 7 年間イギリス法を学び法曹学院を卒業するに至り，すでに「自脩独究」ができるようになった，②ドイツは日本の法学生にとって「切要」な「比較法理」学が盛んである，③イギリスの大学はドイツの大学に比べ法学教育がまったく不備である，④法理を学ぶためにはその法律が実施されている国に行って学ぶのがいちばんである，⑤ドイツが帝国統一法を制定しようとしている「法律改進の秋」であり，それに法学生は「注目熟察」すべきであること，などです（詳しくは穂積重行『明治一法学者の出発——穂積陳重をめぐって』岩波書店，1988 年を参照）。

と，19世紀初頭に作られたフランスの諸法典が当時すでに古くなっていたのに対し，ドイツ法は法典編纂がフランスより遅れたがゆえに19世紀末の社会を律するにふさわしい新しい内容をそなえていたこと，といった諸事情がありました。

ドイツ人の御雇外国人を中心としたドイツ的法典の準備作業は，フランス法が一見隆盛を誇っていた時代から，目立たないところですでに始まっていました。たとえば，ロェスラーが起草した「商法」（ただし編別がフランス的で法典論争の結果ボワソナード民法とともに施行延期），テヒョーが起草した「民事訴訟法」，ルードルフが起草した「裁判所構成法」は，いずれも明治23年に公布されますが，その準備・起草作業は明治10年代後半には始まっていました。

明治20年代に入り法典論争が起こり，フランス法が敗北へと向かい始めるなか，明治22年に，ドイツ（プロイセン）に範をとった大日本帝国憲法（明治憲法）が発布（施行は明治23年）されると，ドイツ法を基礎とした法整備への傾斜はいよいよ決定づけられました。

明治20年代後半から明治40年にかけて再度準備され完成した民法，商法，刑法といった基本法典は，いずれもドイツ法の影響が強いものとなりました。とくに，ボワソナード民法が法典論争で葬り去られた後作りなおされた民法（現行民法）が，ボワソナード民法の採用したフランス的な編別ではなく，ドイツ民法にならった編別（パンデクテン式と呼ばれます）を採用したことは，象徴的な出来事だったといえるでしょう。

こうして，いったん基本的な諸法典が完成すると，法学および法学教育の主要な関心事はもはや立法ではなく解釈運用へと重点が移ります。その後の日本の法学および法学教育が，ドイツ的な法典を解釈運用するにふさわしい法理論，すなわちドイツ学説へと傾いていったのも当然のことでした。

4.3.3 英米法の影響

明治時代の英米法（とくにイギリス法）の影響は，明治10年代頃までは，かなり強いものがありました。独自の近代的法典づくりに着手し

■ シュタイン (Lorenz von Stein)，**グナイスト** (Rudolf von Gneist)

シュタインはウィーン大学教授（国家学），グナイストはベルリン大学教授（憲法・行政法学）で，ともに明治15（1882）年憲法調査のために渡欧した伊藤博文らに強い影響を与えました。その後，多くの日本政府の要人や学者たちが2人のもとを訪れて教えを乞いました。

■ ロェスラー (Hermann Roesler)

明治11（1878）年に来日した元ロシュトック大学教授（法学博士・経済学博士）です。大日本帝国憲法の制定の中心人物であった井上毅を補助して同憲法の草案作成に深く関与し，旧商法の起草も行いました。

■ モッセ (Alberto Mosse)

プロイセンの司法官で，グナイストの弟子にあたります。伊藤博文が憲法調査のためドイツに赴いた際，グナイストとともに講義を行いました。モッセはその後，明治19（1886）年に来日し，ロェスラーと同じく日本政府の法律顧問となり，大日本帝国憲法の制定・施行に関与しました。

■ テヒョー (Hermann Techow)

プロイセンの裁判官・検察官を経て行政官となりました。憲法調査に赴いた伊藤博文は，シュタインに心酔し，シュタイン本人を政府顧問として招聘しようとしましたが高齢を理由に断られ，その代わりの優秀な行政学者を送ってくれるようドイツ帝国宰相ビスマルクに依頼しました。その際にドイツ側が推薦した人材の一人がテヒョーでした。彼は明治16（1883）年に来日し，わが国の民事訴訟法の草案を書きました。

■ ルードルフ (Otto Rudolff)

プロイセンの法実務家で，わが国の裁判所構成法（明治23年公布）を起草した中心人物です。1877年のドイツ裁判所構成法がその手本とされました。

表 4-3　ボワソナード民法典の編別と現行民法典の編別

ボワソナード民法の編別	現行民法の編別
財 産 編	第1編 総 則
財産取得編	第2編 物 権
債権担保編	第3編 債 権
証 拠 編	第4編 親 族
人 事 編	第5編 相 続

民法のような基本法典でも，その編別の仕方にはいろいろな流儀があり，現行日本民法の編別が「唯一正しいもの」ではない，ということに注意してください。

たばかりの日本において，当時の法学教育は，イギリス法やフランス法そのものの教育にほかならないところがありました。この当時，英米法教育に尽くした御雇外国人に，テリー（Henry Terry）がいます。テリーはアメリカ人（コネチカット州弁護士）で，明治10（1877）年から明治17（1884）年までと，一回帰国した後，明治27（1894）年から明治45（1912）年までの，通算25年間，現在の東京大学でイギリス法を教えました。その間，現在の東京大学の名称は，開成学校，東京大学，帝国大学，東京帝国大学とめまぐるしく変遷しています。テリーは2度目の来日の際には，イギリス法（コモン・ロー）に関する大部の教科書を日本人学生の教育のために書きあげています。

　私立法学校の中にも，英米法教育に力を入れる学校があり，とくに現在の中央大学はかつて英吉利法律学校と称し，イギリス法を教育することをまさに旗印にした学校でした。しかし，ドイツ的な影響を受けた基本法典が次々と完成した明治20年代以降は，伝統的に成文法典をもたず具体的な判例の集積から法理を導きだす英米法は，わが国の法学教育の中心的な研究対象ではなくなりました。英米法（とくにアメリカ法）の理論や教育方法が再び脚光を浴びるのは，第2次世界大戦後，アメリカの影響を強く受けた日本国憲法ができた後のことです。

4.4 法廷見取図の変遷と裁判理念の変化

　西洋法の継受の過程では，既存の「固有法」（江戸以前の日本的法思想）と受容された「移植法」（西洋的法思想）が変容あるいは融合するという現象が当然起こります。ここでは法廷の見取図にみる訴訟観の変遷を例にとりましょう。法廷構造（法廷内の配置）は，裁判や正義についての考え方が，意識的・無意識的に結晶化したものとみることができます。

　図4-10は，明治3（1870）年5月25日の「刑部省定」の中に描かれている刑事法廷図，図4-11は，明治6年2月に出された「断獄則例」（司法省達第22号）の中に描かれている刑事法廷図，そして図4-13は，現代の典型的な法廷（裁判員法廷でないもの）の見取図です。

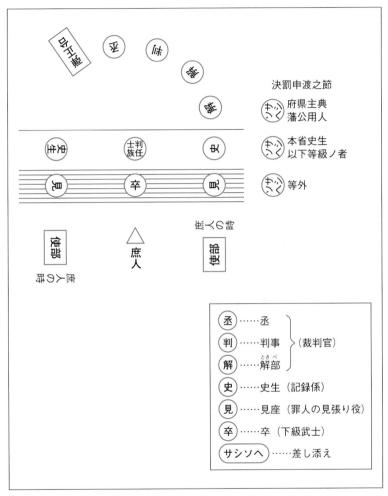

(出所) 青木人志『「大岡裁き」の法意識——西洋法と日本人』(光文社, 2005年)

図 4-10　明治 3 (1870) 年の刑事法廷図

図4-10は時代劇でお馴染みの江戸時代の奉行所同様の「お白洲」です。現代と違って捜査機関・訴追機関・審判機関が截然と分離しておらず，被告人を擁護する弁護人（代言人<ruby>代言人<rt>だいげんにん</rt></ruby>）もまだいません。そして役人たちの座り方は，じつにきれいな「弧」を描いています。上から下をぎゅうぎゅう取り調べる二極的な「糺問構造」に，ぐるりと輪になってみなで話し合う「車座構造」の名残が融合したような形になっているのです。そのほか弾正台という役職が，現代でいう裁判官に相当する丞・判事・解部<ruby>解部<rt>ときべ</rt></ruby>の隣に座って，裁判を監督していました。被告人は身分によって座る位置が違うこと，つまり身分差別が残っていたことも指摘しておきましょう。

　次は，図4-11です。この法廷図は，白洲との連続性を保ちつつも現在の姿に少し近づいており，両者の中間に位置します。白洲との連続面は，図4-11においてもなお，法廷の基本構造が糺問型であることです。法壇上にいる判事と検事が被告人（罪囚）を見下ろす二極構造で，被告人を擁護する弁護人（代言人）はここでもまだ登場しません。日本の刑事法廷に代言人が登場するのは，明治9（1876）年に「代言人規則」が制定されてからのことになります（図4-12）。

　この時代の刑事法としては，明治3年12月に出された「新律綱領」，同6年5月に出された「改定律例」があります。これら明治初年の刑法は，「内外有司其之<ruby>其之<rt>それこれ</rt></ruby>を遵守せよ」とか，「爾臣僚其れ之を遵守せよ」と布告の冒頭に書かれており，国民一般に向けて公布されたものではなく，中央と地方の官吏が守るべき基準として，行政官たちの執務基準の要目として定められたものでした。その内容も，西洋法的な視点からは近代的なものだとは言いがたく，たとえば，律に正条がない場合は類似条文を類推適用（援引比附＝ひきあわせ）できることが正面から認められていました。あらかじめ明確に犯罪の要件を定めた刑罰法規が存在しないかぎり，処罰は許されないとする（罪刑法定主義）のが近代刑法学の常識ですから，このように被告人に不利な方向での刑罰法規の類推適用は，現在ならぜったい許されないことです。また，明治初年の刑法では，「贓証明白<ruby>贓証明白<rt>ぞうしょうめいはく</rt></ruby>」なのに白状しない者を拷訊<ruby>拷訊<rt>ごうじん</rt></ruby>（拷問）することが法律上許さ

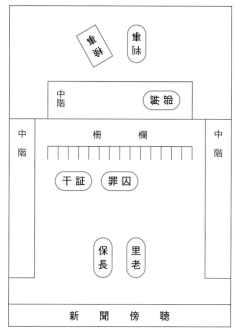

（出所）　青木人志『「大岡裁き」の法意識——西洋法と日本人』（光文社，2005 年）

図 4-11　明治 6（1873）年の刑事法廷図

図 4-12　**明治時代の法廷の様子**〈明治大学博物館所蔵〉
壇上の中央に裁判長と陪席裁判官，左に検察官がいます。被告人は下におり，そのうしろに弁護人が列席（傍聴人の前にいるのは巡査）しています。このように，当時は司法官（裁判官と検察官）と弁護士の間には身分意識の差があり，大正 14（1925）年に「法律新聞」に掲載された「司法官の法廷に於ける態度に就いて」という記事の筆者は，「我国の法廷にては弁護士は起立して拝礼し検事は高座に居て答礼すら為すを欲せず」と慨嘆しています。

れ，そのための道具である訊杖の規格も法律で決められていました。その背景には，江戸時代から連綿と続いてきた自白重視の思想があります。

　その一方，図4-11には，図4-10とは違う近代への萌芽も見えてきます。まず目につくのは，弾正台に代わって検事が法廷に登場していることです。明治4（1871）年に司法省が設置され弾正台は廃止され，翌明治5年の司法職務定制により，判事と検事の職制が詳しく定められました。判事と検事という名称は，現在にまで引き継がれることになりますが，検事の役割は現在と微妙に違います。司法職務定制では，検事は訴追者であるだけでなく，「裁判の当否を監する」職でもあるとされました。当時は司法卿を頂点とする司法省が裁判も統括していましたから，検事は，そういった体制の中で，現代の言葉でいえば裁判官や弁護士も含む司法関係者を広く監視し，問題があれば本省に連絡する目付役として裁判全体を統制していたわけです。

　図4-11では，被告人（罪囚）と証人（干証）の背後に，「里老」と「保長」が控えていることにも注目しましょう。里老も保長も被告人の所属するコミュニティの代表です。法廷内にこういった人たちが準当事者として控えていることから，当時の法感覚では個人責任の原則は十分に貫徹されず，刑事責任はコミュニティ全体に密接にかかわる（その意味で一種の連帯性がある）ものと理解されていたのでしょう。

　このあと日本の刑事法廷には弁護士が登場しますが，弁護士の登場後も検事は依然として判事と同じ高さの席に並んで座り，判事・検事が壇上から弁護士を見下ろすという時代がありました。

　現代の典型的な法廷（裁判員法廷でないもの）は図4-13のようになっています。ここでは，原告と被告，検察官と弁護人が，対等の位置に向き合って座り，両当事者から等距離の場所にスポーツにたとえると行司や審判の役をつとめる裁判官がいます。裁判官を頂点にした，均整のとれた美しい三極構造です。江戸時代の古い伝統的な訴訟観が西欧的な近代法思想の影響で変容するにつれ，訴追官（検事）と審判官（判事・裁判官）が分化し，訴追官である検事（検察官）が法廷上段から下段に徐々に降りてきて，ついには両当事者と裁判官が美しい正三角形をなす

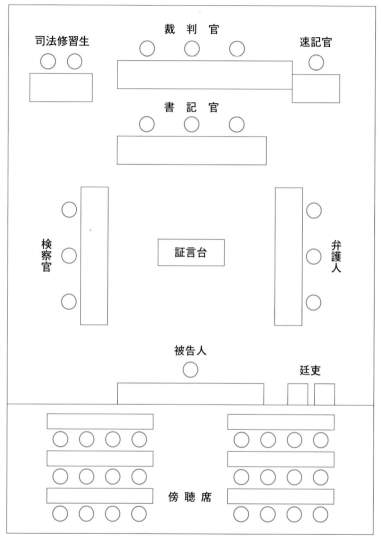

（出所）　青木人志『「大岡裁き」の法意識──西洋法と日本人』（光文社，2005 年）

図 4-13　現代の典型的な法廷（裁判員法廷でないもの）

当事者主義的な法廷へとたどり着いたのです。「当事者主義」というの
は，裁判の当事者（民事裁判なら原告と被告，刑事裁判なら検察官と被
告人）が対等な立場で訴訟を主導し，裁判官は中立の「審判」として両
者の主張を判断するという考え方のことです。

　同時にその過程は，判事・検事という「司法官」と弁護士（「官」で
はない）の間の格差が解消されていく過程でもありました。この点につ
いてはあとでもういちど触れます。

　さて，これらの法廷図の変遷から読みとれることはいろいろあります。
たとえば，図4-13では図4-11にいた里老・保長の姿が法廷から消え
ています。糺問的な二極構造の法廷が，当事者主導の三極構造の近代的
な法廷へと脱皮していく過程で，個人責任の原則が貫徹されるようにな
ったことを示すことで，それらの変化は，人権思想の進展，拷問廃止，
罪刑法定主義の浸透などとあわせて，大いに肯定的に評価しなければな
らないことです。しかし，その一方で，同じ変化のうちに，司法がコミ
ュニティの日常感覚からかけ離れた専門家だけの場になっていく過程を
示すものだという評価をすることができるかもしれません。

　本章の冒頭で指摘した「裁判にかかわりたくない」「裁判所には行き
たくない」「判断はえらい裁判官にお任せしたい」という法意識は，こ
ういった日本法の歴史の中で育まれてきたものだと，私は思います。

　日本は，アメリカ，イギリス，ドイツ，フランスといった西洋先進諸
国と比べると，とくに民事訴訟の提起率が低いことがわかっていました。
たとえば，20世紀末頃の人口10万人あたりの民事訴訟第1審新受付数
を比較すると，アメリカが5411.9件（1997年/2000年），イングラン
ド・ウェールズが3602.9件（2000年），ドイツが2287.0件（1999年），
フランスが1110.7件（1999年）なのに対して，日本は373.5件（1999
年）にすぎません。なお，この数字は，隣国の韓国の1528.8件（2000
年）に比べても低いものでした（広渡清吾編『法曹の比較法社会学』東
京大学出版会，2003年，394頁）。

　かつて川島武宜氏は『日本人の法意識』（1967年，岩波書店）において，
国民の法行動に直近の影響を及ぼすファクターは「国民の法意識」すな

　明治時代からの司法の歴史を振り返ると，そこには司法が行政から分離独立し，国家権力（三権分立）の一翼を担うシステムとして，その存在感を徐々に増してくる歴史を見てとることができます。江戸時代の奉行は，現代的ないい方をすれば行政官と司法官を兼ねたものでしたが，このような行政権・司法権の未分離状態は明治時代に入ってからもしばらく続き，明治 5（1872）年の司法職務定制施行当時の裁判所制度をみると，区裁判所の上に府県裁判所があり，さらにその上に「司法省裁判所」があるというかたちでした。その後，行政権とは切り離された司法制度が徐々につくられ，大津事件のような司法権の独立を守った重要な事件が起こり，さらには第 2 次世界大戦後にアメリカの影響を強く受けた日本国憲法のもとで司法権は確固たる地位を与えられました。しかし，その一方で，国民の中には，司法より行政に期待し行政に多くを頼る気風が根強く残っていると感じられる場面も多くあります。その背景には，司法（裁判所）が，国民にとって使いやすく頼りがいのあるものにはまだ十分になっていないという事実があるかもしれません。

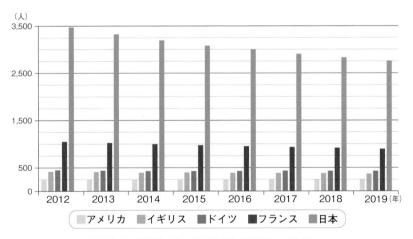

（データ出所）　日本弁護士連合会『弁護士白書 2019 年版』（2020 年）66 頁

図 4-14　**各国の法曹人口の比較**

このグラフは，日本，アメリカ，イギリス，ドイツ，フランスという 5 カ国の法曹（裁判官，検察官，弁護士）1 人あたりの国民数を示すものです。数字が大きいほど，国民の中の法曹の比率が小さいことになります。日本は近年の司法制度改革の結果，法曹数が増えているので，グラフは右肩下がりになっていますが，それでもなお他の 4 国との差は歴然としています。

わち法や裁判に関連する行動の心理的前提条件であると主張しました。

　このように法行動と法意識を関連づけて議論することの当否，および，それらが関連しているとしたらどのような意味で関連しているかについての議論が，それ以来さかんに行われました。

　民事訴訟提起率の低さには法意識や国民性が直接影響しているとする議論だけでなく，日本では裁判所利用のコストが高すぎる（法曹人口や裁判所数などの法的インフラが不足している）ことがその原因だとする議論や，日本では裁判結果の予測がしやすいので，紛争当事者はわざわざ裁判で最後まで争わず妥協するのだという議論などが行われてきました。

　このような「法意識」の異同を大規模なアンケート調査によって明らかにしようとした研究もあります。その結果を分析したダニエル・フット氏は，アメリカ人と日本人の間にはむしろ共通点が多いと結論づけています。たとえば，「泣き寝入りはしたくない」「できれば訴訟以外の手段で解決したい」「それができない場合，友人なら訴訟を起こしたくないが，店や他人との紛争なら訴訟を起こしてもよい」と考えがちなことは共通しているといいます。もしこの分析が正しいとすれば，日米の民事訴訟提起率の圧倒的な違いには，人々の意識以外の原因（訴訟以外の紛争処理の手段のあり方，法制度の違いなど）がより大きく影響している，ということになるでしょう（111 頁の**クローズアップ**を参照）。

---〈読書案内〉--

穂積陳重『法窓夜話』（岩波文庫，1980 年）

三ヶ月章『法学入門』（弘文堂，1982 年）

石井良助『江戸の刑罰』（中公新書，1964 年）

川嶋四郎『日本人と裁判——歴史の中の庶民と司法』（法律文化社，2010 年）

ダニエル・H・フット（溜箭将之訳）『裁判と社会——司法の「常識」再考』（NTT
　出版，2006 年）

大木雅夫『日本人の法観念——西洋的法観念との比較』（東京大学出版会，1983 年）

第5章

法の可塑性
──陪審制の挫折と裁判員制度の導入──

■ 裁判員裁判の法廷（左：傍聴者側から見たもの，右：裁判員側から見たもの）■

■ 裁判員と裁判官が互いの考えを述べ合い議論する評議室 ■

（出所）　裁判員制度ウェブサイトより転載。

写真はさいたま地方裁判所の各施設を撮影したものです。各施設の様子は，裁判所によって多少異なります。

5.1 陪審制導入論議——国民の司法参加をめぐる明治初期の議論

　裁判（とくに刑事裁判）は，その専門家である「官」（＝お上{かみ}）だけに任せておけばよいという法意識は，かなり強固な歴史的基盤をもつことを前章で論じました。しかし，その一方で，裁判に一般国民が関与すべきだという考え方は，近代に入って西洋思想が流入してくるとともに，かなり早い段階で日本に紹介されました。たとえば，幕末に福沢諭吉や津田真一郎が陪審制を紹介し，明治4（1871）年に出発した岩倉使節団も明治6（1873）年1月にパリで陪審裁判を見ています。

　日本で最初の西洋型法典は明治13（1880）年公布（同15年施行）の「刑法」（現在の目からみて「旧刑法」と呼ばれます）と「治罪法」（同名の法律はもう存在しませんがその内容は現在の刑事訴訟法に対応します）でしたが，ボワソナードが明治10（1877）年から翌11（1878）年にかけて起草した治罪法草案には一般国民が刑事裁判に陪審員として参加する陪審制が盛り込まれていました。しかし，審議の過程で，太政官（現在の内閣にあたる）によって陪審規定は一掃され，結局，陪審制を含まないかたちで治罪法が制定されたのです。

　陪審制導入に反対し，ボワソナードが取り入れた陪審規定を法案から削除した中心人物は，のちに明治憲法の起草にもかかわる井上毅でした。井上が陪審制導入に反対した論拠は，およそ次のようなものでした。

　①陪審を抽選で選ぶのでは国民代表とはいえない，②陪審は衆論に傾くが政治と違って裁判は衆論で決すべきものではない，③陪審が判断すべき事実問題と裁判官の判断すべき法律問題は区別しがたい，④事実判断をうつろいやすい通常人の心にまかせるのは誤りである，⑤フランスでは陪審による重罪裁判で被告人が罪を免れたり量刑を減軽されたりしている。

　これに対してボワソナードは，①陪審は公選された国民代表ではなく，被告人との同等性が重要である，②陪審が衆論に傾く例として挙げられている例には適切ではないものがある，③事実判断と法律判断の区別が困難であってもその両者ともに陪審にゆだねないことは弊害が大きいし，

岩倉使節団は明治 6（1873）年 1 月 22 日にパリで陪審裁判を見学します。随行していた太政官少書記官・久米邦武は，陪審（「ヂュリー」）について，次のような感想を書き残しています（久米邦武編『特命全権大使 米欧回覧実記 3』岩波文庫，1979 年）。

「西洋の裁判には，刑事にも代言師 [弁護士のこと] ありて，罪人に代わりて弁ずれば，罪状に紛冗の憂いなし。「ヂュリー」ありて，その情偽を審聴し，是が允諾 [（罪の有無についての決定の）承諾・承認のことのこと] を待て，後に罪状を定む。冤枉 [無実の罪，ぬれぎぬのこと] なかるべし。証人ありて其事実を当面にて保証す。譎詿 [ことば巧みにあざむくこと] の弊端を繁くし難し。必ず数人の裁判役にて聴く。偏聴の恐れなし。其法 寔に周備なりと謂べし。然れども此法を日本に行わんとすれば，蓋し亦難きものあり。全国法律の学に通じ，代言師免許を与えて，法庭に出席せしむるべき人なし。「ヂュリー」を挙れば，官を恐れて唯唯するに過ぎず。其強項敢言の者を選するとも，法理に闇く，道徳上の論と葛藤を繁くし，必ず互いに相諍論して，不用の地に言を労せん。」

（大意）西洋の裁判には弁護士がいて罪状が混乱しない。陪審員の判断を得て罪状を決定するのでぬれぎぬを着せられることもない。証人は面前で証言するので言葉巧みにあざむくのは難しい。裁判役が必ず複数いるので公平に聴ける。まことに周到な法制度である。しかし，これを日本で行うのは難しい。法律に通じ法廷に出席させるべき弁護士がいない。陪審員を選べば官を恐れて唯唯諾諾とそれに従うだけだろうし，きっぱり意見を述べる者を選んだとしても法理を知らず，道徳論ばかりの争いになって，無用の議論ばかり行われることになるだろう。

＊ [　] 内は著者による補足説明。

陪審員（jury）が裁判に関与する陪審制（jury system）の起源については，①イングランドを起源とするアングロ・サクソン起源説，②いわゆるノルマン・コンクエスト（1066 年）でイングランドに持ち込まれたとするフランク・ノルマン起源説，③上記の二重起源説があります。陪審には，刑事事件について犯罪者を訴追するかどうかを決定する「起訴陪審」（人数が多いので「大陪審」ともいう）と，起訴された被告人の有罪無罪を決定する「審理陪審」（人数が少ないので「小陪審」ともいう）があります。また，民事事件について陪審が裁判に関与する「民事陪審」もあります。通常，わが国で「陪審制」というときは，このうちの刑事の「審理陪審」を指し，本文でも，そういう意味で使っています。イングランドにおいて刑事審理陪審の原型が成立したのは，1215 年のラテラノ公会議で聖職者が神判にかかわることが禁止された後の 1220 年頃だとされています（捧剛「陪審とは」比較法研究 56 号，1995 年）。

陪審は裁判において法律家の弁論を聞いて法理を明らかにできる，④偏見にとらわれるのは陪審よりむしろ裁判官である，⑤陪審の寛容性は陪審の短所ではなく長所である，と応じましたが，結局彼は陪審制度を日本で実現させることはできませんでした。

5.2　旧陪審制度の成立とその内容

5.2.1　旧陪審制度の成立

　ボワソナードが近代西洋法とともにわが国に導入を試みた陪審制度は，彼の影響を受けた人々や一部の在野法曹からの支持を受けていたものの，明治時代を通じてついに立法化されることはありませんでした。

　しかし，明治の終わりになって起きた日糖事件と大逆事件という2つの事件が，後の歴史の展開に重要な意味をもちます。

　明治42（1909）年に起きた日糖事件は，原料砂糖輸入税の企業への一部還元を定めた法律の有効期限を延ばすため大日本製糖株式会社が政治家に対する贈賄をくわだてたとされたもので，検事局が政党政治家に対し苛烈な取調べを行いました。また，翌明治43（1910）年に起きた大逆事件では，幸徳秋水ら多くの社会主義者・無政府主義者が天皇殺害計画に関与したとして検挙され死刑宣告を受けました。

　日糖事件における政党政治家に対する検事局の横暴ぶりに立腹し，大逆事件のずさんな事実認定が「天皇の名において」行われる裁判の信頼性を損なうと考え，陪審制導入こそが「真に国民の幸なるべし」という確信に到達した政治家がいました。のちに首相としてわが国初の政党内閣をつくる政友会の原 敬（1856-1921）です。原は，司法省法学校でボワソナードの薫陶を受けた一人でもありました。

　原は，大正7（1918）年に政権を握るとすぐ，陪審制度の立法化の作業に着手します。原自身は，わずか3年後の大正10年に不幸にも暗殺されてしまいますが，原の情熱はその後の高橋是清内閣および加藤友三郎内閣にも引き継がれ，ついに実を結びます。わが国における最初の陪審法が，大正12（1923）年に公布されたのです。

図5-1 原 敬
（国立国会図書館ウェブサイトより）

余の見る所にては衆議院議員，府県会議員等訳もなく検事，警察官の為に拘引せられ一たび拘引せらるゝや必ず有罪の決定を与えらるゝ状勢なるは無論に此制度の必要を感ずる次第なれども，其他に在りて地方細民及び細民ならずとも資金に乏しきものは，警察官，司法官等に無理往生に所罰せらるゝは見るに忍びざる次第なれば，是非とも陪審制度は設置したきものと思うなり。……天皇の名を以て裁判するは我憲法の明示する所なるに，事実の認定まで天皇の名を以てするは如何にも不当の事にて，畢竟 最初の案に各国通り陪審制度を設け而して天皇の名を以て裁判すとの規定を設くべきに，陪審制度を削りながら裁判の方に天皇の名を以て云々と遺し置きたるは失錯にて，今は司法官も後悔して居る様なり……此等の動機にて此制度を設定する事を得ば真に国民の幸なるべし。

（原奎一郎編『原敬日記3』福村出版，2000年）

（大意）議員が訳もなく検事・警察官に拘引され必ず有罪にされる状況に無論この制度の必要性を感じるが，そのほかにも下層民が警察官・司法官に無理やり処罰されるのは見るに忍びないので，ぜひ陪審制を設けたい。天皇の名をもって裁判するのは憲法が明示しているが，事実認定まで天皇の名で行うのはいかにも不当で，当初の案どおり陪審制を設けたうえで天皇の名による裁判を規定すればよかったのに，陪審制を削って天皇の名による裁判の規定を残したのは失敗で，司法官も後悔しているようだ。こういった動機でこの陪審制度を設置できれば真に国民の幸であるはずだ。

コラム●陪審制違憲論

原敬は上記ボックスのように，本来，大日本帝国憲法の体制下においても，陪審制を採用して「天皇の名を以て」陪審に事実認定させるべきだったと考えていましたが，同憲法57条1項が「司法権は天皇の名に於て法律に依り裁判所之を行ふ」としていることを根拠に，陪審制導入は憲法違反だという議論もありました。

たとえば，反政友会・反政党内閣の立場を一貫してとり，陪審法案にも反対した有松英義（原の一代前の首相である寺内正毅内閣で法制局長官をつとめた人物）は，同条を根拠に，司法権は裁判所により専行されるものであり，裁判所は法律に定めた資格をもった裁判官だけで構成されるべきものだから，陪審員を裁判所の構成要素とはできず，「人民の参与」は「司法権の独立」を侵すものだと主張しました（詳しくは三谷太一郎『政治制度としての陪審制——近代日本の司法権と政治』東京大学出版会，2001年を参照）。

この画期的な制度は，実施まで5年間の準備期間が置かれ，施行は昭和3（1928）年でした。準備期間中は，全国に陪審員宿舎（71 カ所）が建設され，陪審裁判の視察のため判事等が欧米に派遣され，普及啓蒙の講演会が延べ3,300回以上も開かれました。当時の国民の関心はたいへん高く，講演会場はほとんど満員になったといわれています。

　かつてわが国に陪審裁判が存在していたことは，法律の専門家以外にはさほど知られていない事実ですが，裁判員制度の時代を迎えた現在にあらためて振り返ってみると，さまざまな教訓に満ちた貴重な経験だったといえます。

5.2.2　旧陪審制度の概要

　では，わが国にかつて存在した陪審制度の概要をみていきましょう。図5-2は当時の陪審法廷の見取図です。

　陪審法廷の設計にあたり議論された問題のひとつは，検事席と弁護士席の関係，とくにその高さの関係でした。当時は判事・検事と弁護士が，法や正義の実現のためにそれぞれの立場から協力しあう対等な法律専門職だという意識はほとんどなく，判事・検事に対して弁護士は一段低い地位にあるものと考えられていました。明治26（1893）年に出来た旧弁護士法では，弁護士会は司法大臣と検事正の監督を受け，弁護士の懲戒は裁判所（控訴院）が行いましたから，法廷で判事・検事が高い席から弁護士を見下していても不思議はなかったのです。

　しかし，弁護士にとっては不本意なことですから，陪審制度が実施される前の昭和元（1926）年に浦和弁護士会は「陪審法廷内弁護士席は之（これ）を検事局と同等の高さにされたい」という決議を行い，司法省に働きかけました。そのような動きに対して，検事局の内部では，「万一検事席と弁護士席とが同一の高さに改められることになれば，検事としての威厳を低められると同一に帰し之は到底忍び得ぬこととして辞職する者が続出し且（か）つ検事希望者が著しく減ずる結果を招来することにでもなれば由々しい問題である」という極論まで出たようです（「法律新聞」昭和2（1927）年5月3日2681号）。

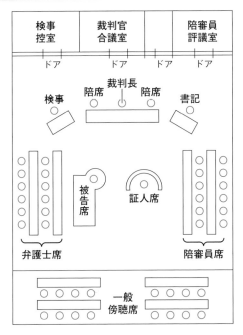

（出所）　四宮啓監修『陪審手引 復刻版』（現代人文社，1999 年）85 頁

図 5-2　旧陪審制下の陪審法廷

図 5-3　横浜地方裁判所の陪審法廷（写真提供：学校法人桐蔭学園）

陪審法を施行するために全国で 71 の裁判所が造られ，横浜地方裁判所にも昭和 4 （1929）年に広さ約 200 平方メートルの陪審法廷が設置されました。写真中央の裁判官席の左側が検事席，左手前が弁護士席で右手には陪審員席が並んでいます。本法廷は現在，桐蔭学園メモリアルアカデミウムに移築・復元されています。

現在移築・復元されている横浜地方裁判所陪審法廷（昭和 4（1929）年完成）（図5-3）を見ると，検事席と弁護士席の高低差は目立ちません。弁護士の資格審査・懲戒を弁護士会の自律に任せ弁護士活動を裁判所や検察庁や行政官庁の監督に服させないという原則を「弁護士自治」といいますが，弁護士自治が完全に達成されるのは，第 2 次世界大戦後の現行弁護士法（昭和 24（1949）年）によってですから，陪審法廷の検事席と弁護士席に極端な高低差がないのは，当時としては進歩的なことだったに違いありません。

　そのような法廷で行われたわが国の陪審制度は，事件単位で選ばれた 12 人の陪審員が職業裁判官とは独立して評決（答申）を出すものでした。これらは，現在アメリカで行われている陪審制と共通の特色ですが，いくつかの点でわが国の制度は時代の制約をうけた独特のものでした。

　第 1 に，陪審裁判の対象となる事件（表5-1）と陪審の放棄（法定陪審の辞退と請求陪審の取下げ）の可能性です。治安維持法の罪などの思想犯や選挙違反を除く，地方裁判所の第 1 審に属する重い事件で被告人が犯罪事実を争っているものが，陪審裁判の対象となりました。殺人や放火など死刑・無期懲役・無期禁錮にあたる犯罪は法定陪審といって陪審裁判にかけられますが，被告人はそれを辞退することができました。

　法定陪審のほかに請求陪審と呼ばれるものもありました。詐欺や窃盗など，法定刑の長期が 3 年を超える有期懲役・禁錮となっている事件で地方裁判所が管轄するものについては，被告人の請求があれば陪審裁判に移行します。この場合も請求をあとから取り下げることが可能でした。なお，陪審を請求して有罪判決を受けた場合は陪審費用の全部または一部は被告人の負担となりました。このことは，陪審を選択した場合は裁判官の心証を害することが往々にしてあったことや，陪審裁判には控訴が許されなかったこととあいまって，被告人に陪審選択を躊躇させる原因のひとつになっていたようです。

　第 2 に，陪審員になれる人の範囲の限定性です（図5-4）。藤田政博氏の研究によると，陪審法の定める要件を満たす陪審員資格者の数は，日本の総人口のわずか 2% から 3% 程度であり，その中から選ばれた候

表 5-1　旧陪審裁判の対象事件

年　次	法定陪審事件受理事件数		請求陪審事件受理事件数		陪審評議に付した事件数		罪名別全陪審公判実施件数	
	刑法犯	特別法犯	刑法犯	特別法犯		更新＊		
1928 年 10-12 月	309	—	6	—	28	3	殺人	215
1929（昭和 4）年	1428	6	17	—	133	3	殺人放火	2
1930（昭和 5）年	1699	2	3	—	66	—	強盗殺人	11
1931（昭和 6）年	1981	5	5	—	58	3	強姦殺人	2
1932（昭和 7）年	2270	5	3	—	48	6	放火	214
1933（昭和 8）年	2126	4	2	—	34	1	強盗傷人	14
1934（昭和 9）年	2269	4	2	—	24	—	強姦致傷	9
1935（昭和 10）年	2083	3	—	—	17	1	強盗強姦	5
1936（昭和 11）年	2043	5	—	—	16	3	強盗	3
1937（昭和 12）年	1917	6	—	—	13	2	尊属監禁致死	1
1938（昭和 13）年	1732	1	—	—	4	—	傷害致死	4
1939（昭和 14）年	1424	2	—	—	3	1	傷害	1
1940（昭和 15）年	1235	2	—	—	4	—	猥褻致傷	1
1941（昭和 16）年	1229	—	—	—	1	—	偽証	1
1942（昭和 17）年	1352	7	4	—	1	1	通貨偽造	1
計	25097	52	43	—	484	24	計	484

(注)　数字は原典のまま。＊「更新」とは陪審が更新された数。
(出所)　藤田政博『司法への市民参加の可能性──日本の陪審制度・裁判員制度の実証的研究』（有斐閣，2008 年）114 頁表 1，115 頁表 2

　死刑または無期の懲役もしくは禁錮にあたる罪が法律上，陪審裁判とされましたが（法定陪審事件），辞退することができました。また，長期 3 年を超える有期懲役または禁錮にあたる罪で地方裁判所の管轄に属する罪は被告人が請求する場合のみ陪審裁判とされました（請求陪審事件）。ただし，被告人が公判や公判準備における取調べで公訴事実を認めている場合（自白事件）は共同被告人が否認している場合を除き陪審裁判にならず，皇室に対する罪，内乱・外患・国交に関する罪，騒擾罪，治安維持法の罪，陸海軍の軍機に関する罪，法令により行う公選に関する罪は，陪審不適事件とされ，陪審裁判の対象外とされました。

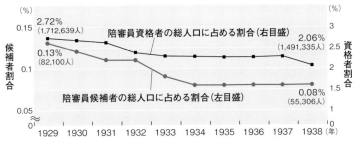

（データ出所）　藤田政博『司法への市民参加の可能性──日本の陪審制度・裁判員制度の実証的研究』（有斐閣，2008 年）160 頁表 15

図 5-4　陪審員（資格者・候補者）の総人口に占める割合

陪審員は，①30 歳以上の日本人（帝国臣民）の男子，②引き続き 2 年以上同一市町村に住んでいる，③引き続き 2 年以上直接国税 3 円以上を納めている，④読み書きができるという 4 つの条件を満たす人のうちから，抽選で選ばれました。

補者は，総人口の 0.1％ 程度に過ぎませんでした。

　第 3 に，陪審の答申のあり方とその拘束力です。陪審は公判に付された犯罪構成事実の有無をたずねる裁判官の問いに，過半数により「然り」「然らず」で答え，裁判官はその答申に拘束されません。答申が不適切だと考えた場合は，裁判官は他の陪審になんどでもやりなおさせること（陪審の更新）ができました。

　陪審裁判が行われていたのは，昭和 3（1928）年から昭和 18（1943）年までの 15 年間です。その間，484 件の陪審公判（陪審の更新を含む）が行われています。罪名では殺人と放火が圧倒的に多く，殺人が 215 件，殺人放火が 2 件，放火が 214 件となっています。このうち請求陪審は，たった 12 件だけで，あとの 472 件はすべて法定陪審事件です。

　さらにいえば，前掲の表 5-1 をみると，法定陪審の 472 件という数字も，法定陪審事件の受理事件数（25,149 件）に比べると，きわめてわずかであることがわかります。つまり，請求陪審制度は法律上の制度としては存在したけれども，実際は陪審裁判を請求した被告人はほとんどいませんでした。また，藤田政博氏の研究によると，法定陪審事件においても，被告人が自白している場合は最初から陪審裁判の対象にはならず，3 割程度が自白により通常手続に移行し，被告人が事実を争っている事件（非自白事件）についても，平均するとその 7 割程度が辞退によって通常手続に移行しました（藤田政博『司法への市民参加の可能性——日本の陪審制度・裁判員制度の実証的研究』有斐閣，2008 年，115頁）。法定陪審事件で犯罪事実を争っている被告人の多くも，陪審裁判ではなく職業裁判官による裁判を自ら選んだ，ということになります。

　陪審裁判の無罪率はけっして低かったわけではありません。むしろ，無罪率は高かったといってよく，全事件を通じて 19.8％ の被告人が無罪になりました。とくに放火罪の無罪率は高く，無罪率は 31.7％ にまで達しています。裁判官が陪審の答申を適切と認めず陪審の更新が行われたのは，全事件を通じて 15 年間で 24 件（被告人数は 26 人）だけですから，無罪判決の多くはそのまま確定したはずです。それにもかかわらず，陪審裁判は当時の人々から敬遠されたわけです。

① 裁判長が陪審員に陪審員の心得を説く（諭告）

② 陪審員が宣誓する

③ 検事の事件陳述，被告人尋問，証人尋問，証拠調べ，検事の論告，弁護人の弁論が終わった後，裁判長が陪審員に対し法律上の論点や問題となる事実および証拠について説示し，犯罪事実の有無を評議し，「然り」または「然らず」と答申するように命ずる

④ 陪審員は陪審評議室へ入り，評議をして，犯罪事実を認める場合（「然り」）は過半数（7名以上）の意見によって決定する

⑤ 陪審長から裁判長への答申

図 5-5　陪審裁判の審理の流れ

コラム ● 陪審員の手当と宿舎

　『陪審手引』によると，陪審員（陪審候補者）に支給された手当には以下の3つがあります。

① 旅費……3階級ある汽車・汽船の場合は2等運賃，2階級の場合は上級運賃。

② 日当……陪審員（正陪審員・補充陪審員）として公判に出席したときは1日につき5円，裁判所に出頭したが抽籤や忌避により法廷には出席しなかったときは2円50銭。

③ 止宿料……陪審裁判が1日で終結せず陪審員宿舎に泊まったときは，1泊につき2円50銭。

　また，裁判所構内に設けられた陪審員宿舎の設備等について『陪審手引』には次のような記載があり，陪審員への配慮がうかがえます。

　「宿舎の設備については，司法省が細心の注意を払って，大層優遇に努めてあります。陪審員の疲労を慰める意味から，浴室，談話室は勿論娯楽品なども相当に設備されてあります。碁，将棋盤，ラヂオ，図書類もあり，寝室における寝具なども，一流旅館のそれよりも，上等なものであります。酔払わない程度であれば晩酌も許されて居ります。……世間でよく缶詰などゝ申しますが，決してそんなものでなく，明るい愉快のホテルであります。」

（『陪審手引』大日本陪審協会，1931年；1999年現代人文社より復刻）

5.3 陪審法の停止と陪審不振の原因

　陪審制度の利用率についての推移をみると，陪審法施行翌年の昭和4（1929）年をピークとして，急激に利用件数が減り，施行初年から80％を超えていた高い辞退率が，またたく間に100％近くに達しています。このような状況で，開始後15年たった昭和18（1943）年4月1日に「陪審ノ停止ニ関スル法律」により，陪審制度はついに「停止」されてしまいます。

　どうして陪審裁判は，このような極端な不振に陥ったのでしょうか。

　その原因については，国民が「仲間」より「お上」に裁判されることを選んだこと，陪審の更新が可能であったことや請求陪審で有罪になった場合の訴訟費用の被告人負担など陪審自体のもつ制度的な不備，事実誤認について控訴ができなかったこと，軍国主義やファシズムなど陪審裁判が歓迎されなかった当時の時代背景など，さまざまな指摘がなされています。

　これらは相互に関係しており，おそらくそのすべてが陪審の不振という結果になんらかの影響を及ぼしていると思いますが，「法意識を歴史に関連づける」という問題関心からは，第1の観点がここでも重要です。

　陪審法制定の立役者であった原敬が，司法部（検事局）の横暴から「自由」を守りたいという動機をもっていたことは前述のとおりですが，原のような意識は，司法検察権力と対抗していた有力な政党政治家の中には芽生えこそすれ，国民一般のレベルまでは浸透しなかったといえるかもしれません。どのようなものであれ意識の存在を実証するのは難しいことですが，少なくともこのような仮説を立てて，実証研究を進めることは意味がありそうです。

　陪審法施行後3年経った昭和6（1931）年に陪審員候補者に配布するために作られた『陪審手引』（大日本陪審協会発行）（図5-6）というパンフレットには，「我が陪審法の精神」として，右頁の**ボックス**のような記述があります。

　言葉遣いは古いですが，書かれている内容は現代的な意味をもってい

（出所）　四宮啓監修『陪審手引 復刻版』（現代人文社，1999 年）

図 5-6　陪審員候補者に配布された『陪審手引』（大日本陪審協会発行）

ボックス ■我が陪審法の精神

「（外国では官憲の圧政や裁判官の専横から自由を守るために陪審制度が採用されたのに対し）我が国で，この陪審制度を採用することになりました理由は，外国のそれとは根本から相異なっているのであります。決して民衆から要求されたものでもなく，また従来の裁判に弊害があつた訳でもありません。従来行われて来た日本の裁判は，その厳正公平なることに於ては，全く世界にその比を見ない程，立派なものでありまして，国民もまた絶対にこれを信頼していたのであります。然らば如何なる理由で，これを採用致しましたかと申しまするに，それは立憲制度の大精神に基いているのであります。」

「憲法 [青木注・明治憲法] 布かれて既に四十余年，国民も国政の参与に，相当の経験も訓練を経て居り，且つ世事も複雑となって来たのでありますから，素人である一般国民にも，裁判手続の一部に参与せしめたならば，一層裁判に対する国民の信頼も高まり，同時に法律智識の涵養や，裁判に対する理解を増し，裁判制度の運用を一層円滑ならしめようという精神から，採用されることになったのであります。」

（『陪審手引』大日本陪審協会，1931年（1999年現代人文社より復刻）より旧仮名遣いを修正）

ます。この説明を批判的に読むと，国民の信頼を集めている「厳正公平
で立派な裁判」があるのに，あえて陪審制度を導入する理由はあるのか，
また，陪審制度導入の理由を，「立憲制度の大精神」つまり「司法への
国民参加」という抽象理念や，「裁判に対する国民の信頼と理解の増進」
という効果だけで十分に正当化しうるのかという疑問が生じます。その
うえで陪審制度を裁判員制度に置き換えれば，その疑問はまさに現代の
私たちが，裁判員制度導入時に直面したばかりの問題そのものだといえ
るでしょう。この点については，あとで説明します。

5.4 第2次世界大戦後の司法改革と国民の司法参加

　昭和20（1945）年の日本の敗戦と，その後，連合国軍最高指令官総
司令部（GHQ）主導で行われた司法改革は，明治・大正期を通じてド
イツやフランスの法制度や法理論に多くを学びつつ一応の整備を終えて
いたわが国の法体制を，再び大きく変えることになります。

　最大の変化は日本国憲法（現行憲法）の制定です。降伏にあたり日本
が受諾したポツダム宣言には，「日本国政府は日本国国民の間における
民主主義的傾向の復活強化に対する一切の障礙を除去すべし。言論，宗
教および思想の自由ならびに基本的人権の尊重は確立せらるべし」とい
う条項があったため，民主主義の観点からも人権保障の観点からも問題
のあった大日本帝国憲法（明治憲法）は，根本的な改正を余儀なくされ
たのです。

　GHQは，新憲法制定にあたって，当初は日本側の自主性を尊重する
姿勢を見せていましたが，日本側で検討していた案が大日本帝国憲法の
微修正にとどまり不十分であると見るや方針を転換し，急遽，自ら憲法
草案（いわゆるマッカーサー草案）を起草しました。日本国憲法はそれ
を原案にして作られました。

　アメリカ法の影響を強く受けた日本国憲法は，刑事訴訟に関し人権と
適正手続の保障を手厚く規定していますが，陪審制についての規定はあ
りません。マッカーサー草案の起草過程で，当初は陪審裁判についての

図 5-7　GHQ 民政局が作成した日本国憲法の GHQ 原案（Original drafts of committee reports）に存在した陪審裁判に関する記述（昭和 21 年 2 月）
（国立国会図書館ウェブサイトより）

"Trial by jury shall be accorded to anyone charged with a capital offense, and to anyone accused of felony, at the request of the accused."（抄訳「死刑犯罪・重罪で起訴された被告人は誰でもその請求により陪審裁判を受けられる」）という記載が見られます。

クローズアップ ● 陪審制に関するオプラーの意見

　アメリカでは，「公平な陪審による迅速で公開の裁判」を受ける刑事被告人の権利が連邦憲法に明文（第 6 修正，1791 年）で規定されています。また，それに先立つ独立宣言（1776 年）でも，イギリス国王が行った権利侵害の一例として「陪審による裁判を受ける利益を奪ったこと」を糾弾しています。陪審はアメリカ法の精神の核心にあるものでありながら日本国憲法には取り入れられなかったわけです。これに関連して，GHQ の民政局（Government Section）および法務局（Legal Section）で日本の法制改革に深くかかわったアルフレッド・オプラー（ナチスの迫害を逃れてドイツからアメリカに亡命した元裁判官）は，後年次のような回想を残しています。

　「小陪審はアングロ・サクソンのお気に入りの制度ではあるけれど，私達は大陪審・小陪審のいずれの陪審制度も押しつけなかった。……小陪審制度は，1923 年［青木注・陪審法公布年］から 1943 年の間日本に存在したが，そのわずかな生涯の間に，多くの国民の人気を得ることは決してなかった。明らかに，大多数の日本人は「国民」がそれほど高度な判断能力を持っているとは考えなかった。被告人がみずからの運命に対する決定を陪審員に委ねたがらないことも，職業裁判官に対する一般的な信頼を示している。……私達は，日本人の反対に抗してまでも，歴史的に発展してきた制度を，とりわけ非常に異なった土壌の下で採用すべきではないと考えた。」
（アルフレッド・C・オプラー，内藤頼博監訳『日本占領と法制改革――GHQ 担当者の回顧』日本評論社，1990 年，125 頁）

条項もありましたが（図5-7），途中で削除され，陪審導入論議は，憲法ではなく法律レベルの改革の場に移ります。GHQ内部には，法律レベルで陪審制を再生復活させようという動きと，それを見送ろうという動きの2つがありましたが，結局は後者が優位になりました。ただし，GHQ内部の慎重派（民政局のオプラーら；165頁の**クローズアップ**参照）も，長期的にみて陪審制を復活させることまでを否定する意図はなく，一連の戦後法制度改革の結果成立した裁判所法には，「この法律の規定は，刑事について，別に法律で陪審の制度を設けることを妨げない」（3条3項）と書き込まれました。国民が直接に裁判に関与するという課題は，この段階ではいわば「先送り」されたわけです。

　新憲法のもとで全面改正された新しい刑事訴訟法（現行法）は，陪審制も参審制も採用しませんでしたが，被告人の人権保障と適正手続に配慮しつつ，訴訟の主導権を当事者に委ねて裁判官を中立のアンパイアとする思想（当事者主義）が取り入れられたほか，公訴提起後に公判に付すかどうか予審判事が決定する非公開手続（予審）を廃止し，審理の重点を公判廷に置く思想（公判中心主義）にもとづくものとなりました。また，刑事訴訟法改正とあわせて，検察庁法の制定により戦前は裁判所に付置されていた検事局が裁判所から独立し，弁護士法の制定により弁護士自治がようやく実現しました。

　また，戦後の司法改革では，陪審制や参審制の導入は見送られたとはいえ，国民の司法参加という観点からいくつか重要な制度が実現されました。最高裁判所裁判官の国民審査（罷免したい裁判官に投票し投票者の多数が罷免を可とするときはその裁判官が罷免される）の導入と検察審査会の設置がその例です。検察審査会は，検察官が行った不起訴処分の当否を，くじで選ばれた11人の一般国民（検察審査員）が審査するものです（図5-8）。なお，平成21（2009）年以降，同じ事件について2度にわたって起訴相当の議決をした場合は，指定弁護士が検察官の代わりになって公訴を提起することになりました。わが国の刑事訴訟法は検察官の起訴独占という原則を採用していますが，その原則に対する例外です。

コラム ● アメリカ統治下の沖縄の陪審裁判

　第2次世界大戦の敗戦でアメリカの統治下におかれた沖縄では，沖縄在住のアメリカ人からの要求や，海外のアメリカ人も陪審裁判を受ける権利を奪われてはならないとする昭和35（1960）年の合衆国連邦裁判所の判決が契機となり，昭和38（1963）年から刑事事件につき（翌昭和39年から民事事件についても）アメリカ民政府裁判所において陪審裁判が導入され，それは日本に復帰する昭和47（1972）年まで続きました。沖縄陪審制の特色としては，①陪審員の資格要件としてアメリカ国籍を要求せず，「三月間琉球列島内に居住した者」としていたため，英語の読み書きができれば日本人であっても陪審員に選ばれたこと，②刑事・民事ともに，アメリカ人が当事者の事件に対象は限らず，日本人が当事者の事件でも一部はアメリカ民政府裁判所の審理に付されたこと，が指摘されています。もっとも，実際に行われた陪審裁判は民事・刑事合わせて10件程度であったようです（詳しくは日本弁護士連合会編『沖縄の陪審裁判——復帰前の沖縄陪審制の調査報告』高千穂書房，1992年を参照）。

　なお，昭和39（1964）年に起きた刑事事件につき，陪審員に選ばれた伊佐千尋氏がその経験をもとに後年発表したノンフィクション小説『逆転——アメリカ支配下・沖縄の陪審裁判』には，当時の沖縄の陪審裁判の様子が生き生きと描かれています。

---

① 犯罪の被害者や犯罪を告訴・告発した人から不起訴処分への不服の申立てがあり，審査が始まる。申立てがなくても，新聞記事などをきっかけに審査を始めることもある。
（令和元年の審査事件新受数：申立て 1,733 件・検察審査会の職権によるもの 64 件）

▼

② 全国の地方裁判所と主な地方裁判所支部の所在地に合計 165 カ所置かれた検察審査会において，有権者の中から「くじ」で選ばれた 11 人の検察審査員によって不起訴処分のよしあしについて審査が行われる。検察審査員・補充員あわせて，全国で年間約 7,300 人が選ばれる。審査員の任期は 6 カ月。審査会議は非公開。11 人の多数決で議決される。審査される事件は業務上過失致死傷（自動車運転過失致死傷）や詐欺などが多いが，有名なものとしては，サリドマイド薬禍事件，水俣病事件，羽田沖日航機墜落事件，薬害エイズ事件，脳死臓器移植事件，明石花火大会事件などがある。

▼

③ 議決は以下の 3 種類となる。
　1. 不起訴相当：検察官の不起訴処分は納得できる。（1,640 件/105,018 件）
　2. 不起訴不当：検察官はもっと詳しく捜査して起訴か不起訴か決めるべきだ。
　　（134 件/16,170 件）
　3. 起訴相当：検察官は事件を起訴すべきだ。（9 件/2,422 件）
　（括弧内は令和元年の件数/検察審査会法施行以来の総件数）

図 5-8　検察審査会の概要

法律専門家によってなされる刑事事件の起訴・不起訴の判断に一般国民の意見を一部反映させるものですから，陪審制度や裁判員制度と同じく「国民の司法参加」という理念を共有しています。

5.5 「この国のかたち」を問う司法制度改革と裁判員制度の導入

5.5.1 陪審制・参審制への動き

戦後の日本法は，年を追うごとに豊かな内容を備えたものになってきています。裁判所は，歴史に残る画期的な判断，理論的に重要な判断，その後の立法を促す先見性のある判断も多数出してきました。

その一方で，課題も出てきました。刑事事件についていえば，1980年代に衝撃的な出来事が起こりました。免田事件，財田川事件，松山事件，島田事件という4つの事件につき，10年足らずのうちに確定死刑囚の再審無罪判決があいついだのです。劇的な「死刑台からの生還」でした。

誤った裁判をやりなおすこと自体は，長い目でみれば裁判への信頼を高めるに違いありません。でも，どうして誤った裁判がいったんは確定したのだろうかと考えると，捜査段階で自白を重視しすぎていき過ぎた取調べがなされ，その結果虚偽の自白が誘発されたのではないか，公判において自白調書などの書証を過度に重視しすぎて，事実認定を誤ったのではないか，という疑いが生じます。実際，再審無罪事例の中には，警察の取調べ段階で自白し，その後の公判では一転無実を主張したけれども有罪になった例がみられるのです。

徹底した捜査で証拠を十分に固めてから公訴を提起し，裁判官が膨大な書証を丹念に検討して緻密な事実認定を行う傾向のあるわが国の刑事裁判では，いったん起訴されると有罪率はじつに99%を超えます。きめ細かな捜査・起訴・立証を通じて有罪を確保するこのような司法のあり方は「精密司法」と呼ばれています。それと対極にある考え方は，「検察官はある程度の嫌疑があればあっさり起訴してよく，裁判所は無罪判決を相当出してよい」というものです。

みなさんは，どちらが望ましい刑事裁判の姿だとお考えになるでしょ

　「再審」とは，いったん確定した有罪判決について，その判決を取り消して，事件の再審理を行う非常救済手続です。あくまでも「非常」手続ですから，判決確定までの「通常」の手続である控訴・上告とは別の手続で，これらと混同しないように注意が必要です。再審が許される条件は，刑事訴訟法で細かく決まっており（刑事訴訟法435条，456条），有罪判決の証拠となった証拠物や証言が偽造や虚偽であったことが確定判決で証明された場合や，有罪の言渡しを受けた者に対して無罪を言い渡すべき明らかな証拠をあらたに発見した場合などに，行われます。

　従来，再審開始の条件は厳しく限定的に解釈されており，「開かずの門」という言い方もされましたが，昭和50（1975）年の最高裁の決定（白鳥事件と呼ばれる事件についての決定なので「白鳥決定」と呼ばれています）により「疑わしきは被告人の利益に」という刑事訴訟の大原則が再審にも適用されるべきことが示され，その結果，再審の門が広がり，本文に書いたような著名な再審無罪判決があいつぎました。

　近年の再審無罪判決の一例に，いわゆる「足利事件」があります。同事件は，平成2（1990）年に栃木県足利市で起きた幼女誘拐殺人事件です。遺留物のDNA鑑定（当時は捜査技術として発展途上にありました）にもとづき翌平成3年にS氏が逮捕されました。S氏は最高裁まで争いましたが，DNA鑑定が大きな決め手となって無期懲役刑が確定，S氏は刑務所に実際に服役していました。しかし，再審請求の一連の手続の中で，平成20（2008）年12月に東京高裁によりDNAの再鑑定を行うべきことが命じられ，再鑑定の結果，S氏のDNA型が犯人のものとは違うことが判明しました。この段階（平成21年6月）でS氏の刑の執行が停止され同氏は釈放され，再審が開始されました。S氏に最終的に再審無罪判決が言い渡されたのは，逮捕からじつに19年後の平成22年3月のことでした。

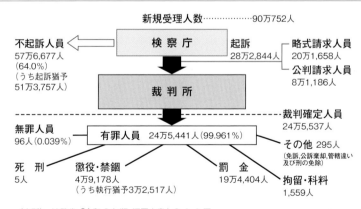

（出所）　法務省「令和2年版 犯罪白書」2-1-1 図

図 5-9　検察庁の新規受理人員と裁判所の裁判確定人員（令和元年）

うか。これは難しい問いです。もし，裁判所が有罪無罪を決める場でなく，検察官の有罪判断を確認するだけの場になっていたら，それは本末転倒です。100％近い有罪率に慣れきっている裁判官が，無罪の可能性のある事件についても検察官の主張を漫然と受け入れ，本来果たすべきチェック機能を喪失しているのなら問題です。でも，だからといって，嫌疑について十分な証拠固めをしてから起訴する現在の方式をゆるめて，検察官はある程度の嫌疑があれば従来の基準では証拠不十分なケースも「あっさり」起訴してよく，公判廷での口頭のやりとりを通じて立証に成功しないケースについては裁判所が無罪判決を出せばいいだけの話だと簡単に割り切れる人も，あまりいないのではないでしょうか。

　そんななか，わが国の刑事訴訟のあり方は公判中心主義の観点から問題があるので，思いきって陪審制や参審制を採用したらどうかという声や，複数の素人が参加してこそ適正な真実発見ができるのではないかという議論が起きてきました。素人が職業裁判官に混じって裁判を行うことで，裁判官の名人芸に頼る書証重視の裁判によって形骸化しかけていた公判が本来の機能を回復して活性化し，事実認定がいっそう適正になり冤罪防止に役立つことも期待できるかもしれず，しかもそれが国民の司法参加という民主主義的な理念の実現にも寄与するのは間違いない，というわけです。また，裁判所内部でも陪審・参審の採用を検討する気運が生じ，最高裁は昭和63（1988）年（矢口洪一長官時代）から裁判官を海外に派遣し，調査を始めました。

5.5.2　陪審制と参審制

　ここで諸外国で実際に行われている「陪審制」と「参審制」という2つの制度を詳しくみてみましょう（表5-2）。この2つの制度はともに国民の司法参加を認めるものであり，しばしば混同されがちなのですが，いくつか重要な違いがあります。

　陪審制を用いている典型的な国は，アメリカです。アメリカは連邦法と州法の二重構造をもち，陪審制も連邦や州の裁判所ごとに微妙に違いますが，以下では典型的なモデルについて述べます。また，陪審には，

表 5-2　刑事裁判に対する国民参加の制度をもつ主な国（典型例）

		対象事件（刑事事件について）	構　成	選任方法	任　期	評決方法	評議・権限
日本	（裁判員制）	法定刑の重い重大犯罪（被告人の認否を問わず，被告人による選択は認めない。）	○裁判官 3 名 ○裁判員 6 名	衆議院議員の選挙人名簿から無作為抽出された 20 歳以上の候補者の中から，裁判所での選任手続を経て選任される。	事件ごと	多数決 ただし，裁判官，裁判員のそれぞれ 1 人以上の賛成が必要	裁判官と裁判員は，共に評議し，有罪・無罪の決定及び量刑を行う。
アメリカ	（陪審制）	一定の軽微な犯罪を，被告人が否認している事件で陪審裁判を選択した場合	○裁判官 1 名 ○陪審員 12 名	選挙人名簿等により無作為抽出された候補者の中から，当事者が質問手続（含，理由なし忌避）により選出。	事件ごと	全員一致が必要	陪審員のみで評議し，有罪・無罪の評決を行う。
フランス	（参審制）	一定の重大犯罪（被告人の認否を問わず，被告人による選択は認めない。）	○裁判官 3 名 ○参審員 6 名	選挙人名簿に基づき抽選で参審員候補者の開廷期名簿を作成。候補者は開廷期間中の出頭を義務付けられる。具体的な事件の参審員は，事件ごとに，理由なしの忌避手続等を経た上で，開廷期名簿から抽選で選出される。	開廷期（数週間）	被告人に不利益な判断をするためには，裁判官と参審員を合わせた 3 分の 2 以上の特別多数決。	裁判官と参審員は，共に評議し，有罪・無罪の決定及び量刑を行う。
イタリア	（参審制）	一定の重大犯罪（被告人の認否を問わず，被告人による選択は認めない。）	○裁判官 2 名 ○参審員 6 名	各自治体が 2 年おきに作成する候補者名簿（無作為抽出された者に，少数の希望者を登載）の中から各開廷期ごとに無作為抽出。任期中に開始されるすべての事件の審理に当たる。	3 か月間	有罪無罪については多数決で決する。量刑については過半数になるまで最も重い意見の数を順次軽い意見の数に加えて決める。	裁判官と参審員は，共に評議し，有罪・無罪の決定及び量刑を行う。
ドイツ	（参審制）	軽微な犯罪を除き，原則としてすべての事件（被告人の認否を問わず，被告人による選択は認めない。）	地方裁判所 ○裁判官 3 名 ○参審員 2 名 区裁判所 ○裁判官 1 名 ○参審員 2 名	市町村が作成した候補者名簿に基づき，区裁判所の選考委員会が選任。	5 年間	被告人に不利益な判断をするためには，裁判官と参審員を合わせた 3 分の 2 以上の特別多数決。	裁判官と参審員は，共に評議し，有罪・無罪の決定及び量刑を行う。

（注）　最高裁判所「裁判員制度ナビゲーション 改訂版」（2020 年 10 月発行）より作成。

起訴するかどうかを決める起訴陪審（大陪審）と，起訴後の公判で犯罪事実の有無を決める審理陪審（小陪審）がありますが，ここでは後者すなわち審理陪審だけを考えます。

アメリカの陪審法廷は，たとえば図 5-10 のようなものです。アメリカで陪審裁判の対象となるのは，一定の小犯罪を除いた事件のうち，被告人が無罪の答弁を行い，陪審裁判を受ける権利を放棄しなかった事件です。無罪の答弁というのは，起訴後すぐに行われる罪状認否手続で被告人が有罪を認めないことです。もしここで被告人が有罪を自認すると，すぐに裁判官による量刑（刑の重さの決定）に入り，陪審による審理は行われません。また，陪審裁判を受けることは被告人の権利ですが，その権利を放棄することができ，その場合もまた裁判官による裁判に移行しますので，その場合も陪審による審理は行われません。アメリカの陪審制はたいへん有名ですが，刑事事件の多くは有罪答弁で決着するうえ，陪審裁判を辞退して職業裁判官による裁判を選ぶ被告人もいるので，たとえば重罪逮捕事件のうち被告人が最後まで事実を争って陪審裁判が行われるのはごくわずか（数％程度）です。

アメリカの陪審制のおおまかな流れは次のようなものです。まず，一般市民の中から無作為に選ばれた陪審候補者を裁判所に呼び出し，陪審員を選任する手続を行います。検察官・被告人の弁護人は陪審候補者に質問し，偏見をもっている候補者を理由を示したうえで忌避（拒否）することができるほか，あらかじめ決められた人数の範囲内であれば好ましくないと判断した特定の陪審員候補者を，理由を示さないで忌避することができます。こうして，検察官・被告人の弁護人がともに忌避しなかった候補者が 12 人（実際には補充陪審員も若干名選ぶ）に達すると陪審の選任が完了です。このように陪審は事件単位で 1 回ごとに選ばれるもので，一定の任期があるわけではありません。

選任された陪審は，公判廷で直接に証人の証言を聞いたり物証を見たり検察官・弁護人の弁論を聞いたりします。ただし，陪審は発言することはできませんから，証人に直接質問はできません。一通り審理が済むと，裁判官が陪審に陪審が答申すべき事柄について説示を行います。そ

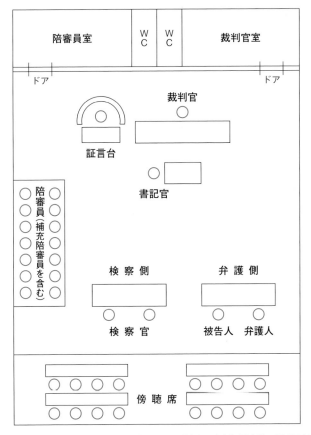

（出所）　青木人志『「大岡裁き」の法意識──西洋法と日本人』（光文社，2005 年）

図 5-10　アメリカの陪審法廷図

コラム●民 事 陪 審

　民事事件についても陪審が事実認定や損害賠償額の決定に関与する裁判制度をもつ国があります（日本にはこの制度はありません）。たとえばアメリカでは，合衆国憲法（修正第 7 条）が「訴額 20 ドルを超えるコモン・ロー上の訴訟」につき連邦裁判所における陪審審理を保障しているほか，すべての州裁判所でも，州憲法や州の法律により民事陪審の制度が維持されています。

のあと陪審は，別室（評議室）に移り，被告人が犯罪事実を行ったかどうかという事実問題を評議のうえ判断します。評議には裁判官は参加しません。あくまでも陪審だけで話し合って有罪か無罪かを決めます。その判断は原則として全員一致でなければなりません。陪審が有罪の評決をした場合は，裁判官は引き続いて量刑を行います。刑の重さを決めるのは裁判官の権限で，陪審はその決定にはもはや関与しません。

では，「参審制」とはどんなものでしょうか。参審制を用いている典型的な国はドイツです。ドイツの参審制は素人を参審員に選んで裁判に関与させるもので，陪審と同じく，国民の司法参加の一形態です。しかし，ドイツの参審とアメリカの陪審には重要な違いがいくつかあります。

第1に，人数です。ドイツの地方裁判所の場合は裁判官3人と参審員2人が，区裁判所の場合は裁判官1人と参審員2人が一緒に裁判を行います（アメリカは12人の陪審員）。第2に，選任方法です。ドイツの参審員は市町村が作成した候補者名簿にもとづき区裁判所の選考委員会が選任します（アメリカは無作為抽出）。第3に，任期の有無です。ドイツの参審員は任期（5年）を定めて任命されます（アメリカは事件ごとに陪審員を選任）。第4に，判断対象です。参審員は職業裁判官と一緒に犯罪事実の認定と量刑の両方を行います（アメリカの陪審は事実認定のみで，評議に裁判官は参加しない）。第5に，被告人の辞退の可否です。被告人は参審裁判を辞退することはできません（アメリカの陪審裁判は辞退可能）。第6に，法廷内の着座位置です。参審員は職業裁判官と横並びに座ります（アメリカでは職業裁判官と陪審は離れて座る）。

そのほかにも細かい相違はありますが，アメリカ型陪審制とドイツ型参審制という2つのタイプの国民の司法参加の上のような違いは，わが国のかつての陪審制度や，現在の裁判員制度の特徴を位置づける際に，ひとつの座標軸になります。

両者の中間に位置する制度もあります。フランスの制度がそうです。フランスの重罪院法廷図を図5-11に示します。

フランスの重罪院では，3人の職業裁判官と9人の市民（フランス語でも陪審を指す英語と同じく"jury"といいます）が一緒になって犯罪

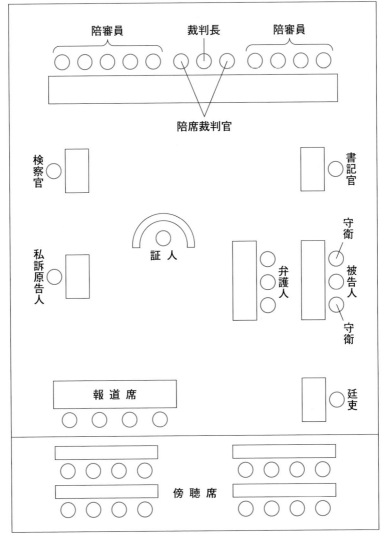

（出所）　青木人志『「大岡裁き」の法意識──西洋法と日本人』（光文社，2005 年）

図 5-11　フランスの法廷図

事実の認定と量刑の両方を行います。9人の市民は，選挙人名簿から無作為抽出された候補者から開廷期（数週間）ごとの名簿がつくられ，その中から事件単位で選出されます。選任方法に着目すると，フランスの制度はドイツの参審制よりアメリカの陪審制にやや近いといえそうです。

　しかし，審理の対象と審理方法に注目すると，フランスの制度はアメリカよりドイツに近いともいえます。アメリカの陪審は，法廷内では職業裁判官と離れたところに座り，事実問題に関して陪審員だけで評議をして有罪・無罪を決めますが量刑には関与しません。フランスの制度は，選ばれた市民たちが法廷で職業裁判官と横一列に並び，職業裁判官と一緒に犯罪事実の認定と量刑の両方を行います。この点で，フランスの制度はあきらかにドイツの参審制に近いのです。

5.5.3　裁判員制度の導入

　さて，陪審・参審制を日本の裁判に取り入れようという論議は，平成11（1999）年に司法制度改革審議会が内閣に設置されたことで，一気に表舞台で脚光を浴びます。同審議会が2年足らずの審議を経て公表した「司法制度改革審議会意見書——21世紀の日本を支える司法制度」（平成13年6月12日）では，①法の精神，法の支配がこの国の血肉と化し「この国のかたち」となるためにいったい何をなさなければならないのか，②日本国憲法のよって立つ個人の尊重と国民主権が真の意味において実現されるために何が必要とされているのか，という2つの問題が司法制度改革の課題とされました。

　そのうえで審議会が設定した柱は3つあります。①国民の期待に応える司法制度の構築，②司法制度を支える法曹の在り方の改革，③国民的基盤の確立（国民の司法参加）がそれです。

　3つめの柱である国民的基盤の確立（国民の司法参加）に話を絞りますと，この柱を実現するための具体的制度として司法制度改革審議会が提言し実現したのが，「裁判員制度」です。審議会の考え方に従うと，21世紀の日本国民はこれまでの統治客体意識に伴う国家への過度の依存体質から脱却し，自らのうちに公共意識を醸成し，公共的事柄に対す

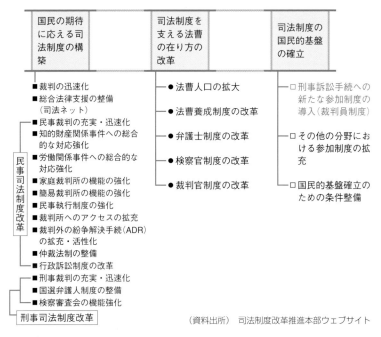

図 5-12　司法制度改革の 3 つの柱

（資料出所）　司法制度改革推進本部ウェブサイト

クローズアップ ● 裁判員制度の対象となる事件

　裁判員制度の対象となる事件として代表的なものには，次のようなものがあります。2019 年の裁判員裁判対象事件の新受人員は 1,133 人で，これは 2019 年の地裁刑事通常第一審事件全体の新受人員 67,533 人の 1.7% にあたります。（[　] 内に 2019 年の裁判員裁判における新受人員の数を示しました。）

- 人を殺した場合（殺人 [255]）
- 強盗が，人にけがをさせ，あるいは，死亡させてしまった場合（強盗致死傷 [222]）
- 人にけがをさせ，死亡させてしまった場合（傷害致死 [71]）
- 泥酔した状態で，自動車を運転して人をひき，死亡させてしまった場合（危険運転致死 [16]）
- 人の住む家に放火した場合（現住建造物等放火 [100]）
- 身の代金を取る目的で，人を誘拐した場合（身の代金目的誘拐 [1]）
- 子どもに食事を与えず，放置したため死亡してしまった場合（保護責任者遺棄致死 [6]）
- 財産上の利益を得る目的で覚せい剤を密輸入した場合（覚せい剤取締法違反 [252]）

＊数値は最高裁判所「令和元年における裁判員裁判の実施状況等に関する資料」による。

る能動的姿勢を強めていくことが求められています。国民主権にもとづく統治構造の一翼を担う司法の分野においても，国民が，自律性と責任感をもちつつ，広くその運用全般について，多様なかたちで参加することが期待されます。国民が法曹とともに司法の運営に広く関与するようになれば，司法と国民との接地面が太く広くなり，司法に対する国民の理解が進み，司法ないし裁判の過程が国民にわかりやすくなります。その結果，司法の国民的基盤はより強固なものとして確立されることになる，というわけです。

　このような考えにもとづいて実現した裁判員制度は，一定の重大刑事事件の裁判において，一般国民である裁判員が職業裁判官とともに犯罪事実の有無を認定し，あわせて有罪の場合は量刑まで行うという制度です。その手続の流れは図 5-13 のとおりです。

　裁判員候補は，衆議院議員選挙の選挙権をもつ国民のうちから無作為に選ばれます。その中から事件ごとに原則として裁判員 6 人が選ばれ，その 6 人が職業裁判官 3 人と一緒に（合計 9 人で）裁判を行うのです。

　裁判員を選ぶ際には，検察官と弁護人はそれぞれ 4 人まで理由を示さずに不選任請求ができます。その場合，裁判所は当該候補者について必ず不選任決定をしますから，裁判員になるのは検察官側も弁護人側も選任に反対しなかった候補者です。

　裁判員は裁判官と一緒に公判審理に立会います。裁判長に申し出たうえで証人や被告人に直接質問することもできます。審理が終わると非公開の評議に移ります。評議には裁判員 6 人と裁判官 3 人が全員参加し，犯罪事実の有無（起訴状記載の犯罪事実につき検察官が証拠による立証に成功したかどうか）と有罪の場合どのような刑を科すべきかについて意見を交わします。結論が全員一致になれば問題はありませんが，そうでない場合は，「被告人に不利な判断をするときは裁判員と裁判官の双方の意見を含む多数決」で決めます。

　最後の点についてもう少し説明しましょう。9 人の過半数は 5 人です。たとえば有罪無罪の判断の場面で，仮に「裁判員 3 人と裁判官 2 人」が有罪の結論に達し，「裁判員 3 人と裁判官 1 人」が無罪という結論に達

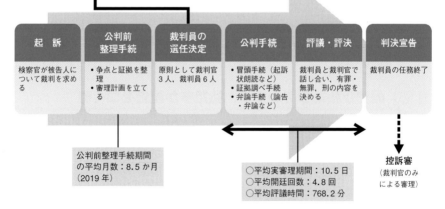

裁判員候補者名簿の作成	前年の秋頃，管内の市町村の選挙管理委員会がくじで選んで作成した名簿にもとづき，各地方裁判所ごとに裁判員候補者名簿が作成される（2019 年に選定された候補者は 118,754 人）。
名簿記載通知・調査票の送付	前年の 11 月頃に裁判員候補者名簿に記載された旨が通知される。調査票によって就職禁止事由該当者（裁判員になることができない人，1 年を通じて辞退が認められる人）が調べられる。
事件ごとに名簿の中からくじで選定	事件ごとに名簿の中からくじにより裁判員候補者が選定される。就職禁止事由該当者は裁判所に呼ばない。
呼出状・質問票の送付	原則として裁判の 6 週間前までに送られる。質問票により辞退が認められる人は呼出が取り消される（2019 年に呼出状を送付した候補者数は 80,176 人）。
選任手続期日	裁判の当日午前中。呼出状により出席した候補者に対する質問手続を経て，最終的にはくじも交えて裁判員 6 人が決定される（2019 年に選任された裁判員数は 5,718 人。補充裁判員は 1,919 人）。

起　訴	公判前整理手続	裁判員の選任決定	公判手続	評議・評決	判決宣告
検察官が被告人について裁判を求める	・争点と証拠を整理 ・審理計画を立てる	原則として裁判官 3 人，裁判員 6 人	・冒頭手続（起訴状朗読など） ・証拠調べ手続 ・弁論手続（論告・弁論など）	裁判員と裁判官で話し合い，有罪・無罪，刑の内容を決める	裁判員の任務終了

公判前整理手続期間の平均月数：8.5 か月（2019 年）

○平均実審理期間：10.5 日
○平均開廷回数：4.8 回
○平均評議時間：768.2 分

控訴審
（裁判官のみによる審理）

（出所）　裁判員制度パンフレット等を参照して作成。数値は裁判員制度 WEB ページ「裁判員裁判の実施状況について（制度施行〜令和 2 年 11 月末・速報）による。

図 5-13　**裁判員制度における手続の流れ**

したとします。この場合，被告人に不利な有罪判断をしたのが5人なので過半数に達しており，しかもその5人のうちに裁判員と裁判官の双方が含まれています。よってこの場合の結論は「有罪」です。

では，「裁判員5人」が有罪，「裁判官3人と裁判員1人」が無罪，という結論に達した場合はどうでしょう。総数という点では有罪側の5人は同じく過半数に達しています。しかし，その5人は裁判員ばかりで裁判官が含まれていないため「裁判員と裁判官の双方の意見を含む多数」とはいえません。つまり，この場合は被告人に不利な有罪判断はできず，結論は「無罪」となります。

やや釈然としないという方もいるかもしれませんが，「無罪」は「有罪にはできない」ということと同義なのです。

このようなわが国の裁判員制度は，事件ごとに裁判員が選ばれる点ではアメリカの陪審制に近く，事実認定のみならず量刑まで裁判官と一緒に行う点ではむしろドイツやフランスの制度に近い独自の制度です。また，旧陪審制度とも重要な違いがあります。たとえば，裁判員裁判は辞退することができません。一定の重大犯罪の被告人は犯罪事実を最初から認めていても，職業裁判官の裁判を望んでいても，必ず裁判員裁判にかけられます。裁判員裁判では旧陪審制度と違って控訴が認められ，控訴審は従来どおり職業裁判官だけで行われます。もちろん裁判員には女性もなれますし，裁判員になる資格に納税額による制限もありません。

5.6 歴史が私たちをつくり，私たちが歴史をつくる

私たちの祖先がボワソナードを招いて西洋型の刑事訴訟法（治罪法）を作って以来，わが国では司法（刑事裁判）への国民の参加が繰り返し議論されてきました。しかし，いったん実現した陪審法がほどなく停止され短命に終わったこともあって，裁判員制度の開始という一歩を再び踏み出すのに，ずいぶんと時間がかかりました。

裁判員制度は，ボワソナードが招かれた明治初年とも，原敬の大正デモクラシー時代とも，アメリカ人法律家がGHQのメンバーとしてやっ

【評　議】

裁判官

裁判員

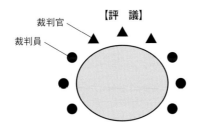

| 【事実認定における多数決の例】 | 【量刑における多数決の例】 |

① 被告人は有罪　被告人は無罪

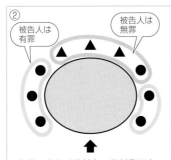

有罪の意見が9人中5人（過半数），かつ裁判官・裁判員双方の意見となっているので，結論は有罪。

② 被告人は有罪　被告人は無罪

有罪の意見が裁判官・裁判員双方の意見となっていないので被告人が有罪と認定することはできない。検察官が立証責任を負う犯罪事実の証明がないことになり，結論は無罪。

被告人は懲役7年　被告人は懲役5年

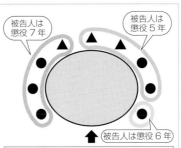

被告人は懲役6年

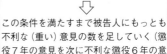

いずれの意見も裁判官と裁判員双方の意見を含む過半数になっていない。

⇩

この条件を満たすまで被告人にもっとも不利な（重い）意見の数を足していく（懲役7年の意見を次に不利な懲役6年の意見に足す）。

⇩

被告人は懲役6年

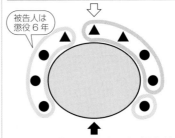

懲役6年の意見が9人中5人（過半数）で，かつ裁判官・裁判員双方の意見となっているので，結論は懲役6年となる。

（出所）　最高裁判所「裁判員制度ナビゲーション 改訂版」（2011年9月発行）を参考にして作成。

図 5-14　多数決の方法

てきた第2次世界大戦後の占領期とも，まったく違う状況の中でスタートしました。

　まず，今回，私たち国民は，裁判員制度を「自分の問題」として考えざるをえませんでした。御雇い外国人でも，有力エリート政治家でも，一握りの有産市民でも，戦勝国からきた占領者でもなく，一部の法律専門家でもなく，まさにほとんどすべての日本国民（少なくとも成人国民）が，「司法」の問題にいやおうなく，直面させられたのです。このようなことは，わが国の歴史上初めてのことだったかもしれません。

　また，制度の導入にあたっては，審議会の議論過程が積極的に公開され，法律ジャーナリズムや一般マスコミを通じて膨大な論評がなされ，最後は私たち自身が選挙した国会議員が法案を審議し可決しました。裁判員制度を批判する根拠として「国民は誰も望んでいなかった」という主張がありますが，今回の裁判員法の制定はこれまでわが国の歴史にあらわれた数々の陪審導入論とは比較にならない民主主義的正統性を備えているといわざるをえないでしょう。

　さらに，裁判員制度の導入は20世紀末頃から急速に進み始めた「法の市民化」という大きな流れのひとコマにすぎないという側面も重要です。たとえば，それ以前は，民法（財産法），商法，刑法，民事訴訟法といった基本法典は全部カタカナ文語体（句読点や濁点もない）で書かれていました（表5-3）。専門的な講義を聴かないとその意味はおろか読み方すらわからないような難しい条文もありました。一例を挙げますと，「罪本重カル可クシテ犯ストキ知ラサル者ハ其重キニ従テ処断スルコトヲ得ス」（つみもとおもかるべくしておかすときしらざるものはそのおもきにしたがってしょだんすることをえず）という条文が，平成7（1995）年まで刑法38条2項にありました。この条文を一般市民が正確に音読し意味を理解するのは，おそらく至難のわざです。この条文は，現在，「重い罪に当たるべき行為をしたのに，行為の時にその重い罪に当たることとなる事実を知らなかった者は，その重い罪によって処断することはできない」と書き換えられ，だいぶわかりやすくなりました。このように，近年は法律の現代用語化・表記平易化が急速に進みました。

　裁判員は満 18 歳以上の有権者（衆議院議員選挙人名簿）から無作為に選ばれるのが原則ですが，司法にたずさわる非常勤公務員という扱いになるので，一定の資格制限があります。義務教育を受けていない人，禁錮以上の刑に処せられた人，心身の故障で職務遂行に著しい支障ある人は裁判員になる資格を欠き，国会議員，国務大臣，行政機関職員の一部，裁判官及び裁判官であった人，検察官及び検察官であった人，弁護士及び弁護士であった人，弁理士，司法書士，公証人，司法警察職員，裁判所職員，法務省職員，国家公安委員会委員，法曹資格をもつ者，大学の法律学の教授・准教授，司法修習生，地方自治体の長，自衛官，裁判中の被告人，逮捕勾留されている者といった人たちの裁判員への就職は禁止されています（裁判員法 13 条〜15 条）。

表 5-3　基本法の現代語化

民　法	第 1 編（総則）・第 2 編（物権）・第 3 編（債権） 改正（現代語化）：平成 16（2004）年 12 月
	第 4 編（親族）・第 5 編（相続） 改正（現代語化）：昭和 22（1947）年 12 月
商　法	第 1 編（総則） 改正（現代語化）：平成 17（2005）年 7 月
	第 2 編（商行為・一部（第 1 章〜第 4 章）） 改正（現代語化）：平成 17（2005）年 7 月
会社法	商法旧第 2 編（「会社」規定） 廃止後，現代語化のうえ独立：平成 17（2005）年 7 月
刑　法	改正（現代語化）：平成 7（1995）年 7 月

また，裁判員裁判のために法廷用語をわかりやすくする方法も熱心に検討されています。一種の「秘儀」を身につけた専門家でないと近づけなかった法の世界が，ようやく今，国民全体に開かれたものに変わりつつあるのです。裁判員制度はそういった大きな文脈の中に位置づける必要があります。

　その一方，裁判員制度の開始にあたっての私たちのとまどいも，これまた長い歴史的経験に根ざしているため，そう簡単には克服できそうもありません。律令的位階制に象徴される垂直的社会の中で，「お上」を信頼し，お上に「裁かれる」ことに慣れた私たちは，国民主権をうたう憲法に保障された権利ですら，「裁判を受ける権利」と受動的に表現するのが普通で，「裁判所利用権」のような能動的な表現で語ることをしません。また，現代の「精密司法」の特徴である取調べ中心主義や有罪確保主義は，すでに江戸時代にみることができ，それが日本の刑事訴訟の強固な岩盤を形作っているという指摘（松尾浩也）もあります。そのような理解については異論もありえますが，明治の一握りのエリートが苦労して取り入れた西洋的法制度の上に敗戦の犠牲とひきかえに国民主権を手に入れた私たちが，いまだ西洋起源の法の理念を「この国のかたち」として「身体化」するには至っていないとしたら，そこには歴史的な理由もあるということはたしかでしょう。「外見」を取り入れるのは容易でも，それを「血肉」にすることは困難な大事業です。その意味で私たちは，明治の先達たちから，今なお苦闘のバトンを受け継いでいるのです。

　歴史は私たちをつくります。しかし，同時に私たちも歴史をつくります。仮に私たちの中に裁判員制度になじみにくい強固な歴史的意識が見出せるとしても，それを宿命として受け入れることだけが，とりうる選択肢ではありません。裁判員制度の理念に感激する人も，不安にとまどう人も，大反対だという人も，制度への賛否にかかわらず，ひとしくそのことを銘記すべきでしょう。日本法が今後どうなるかという問いは，必然的に，日本法を今後どうするかという主体的な問いを含んでいるに違いありません。

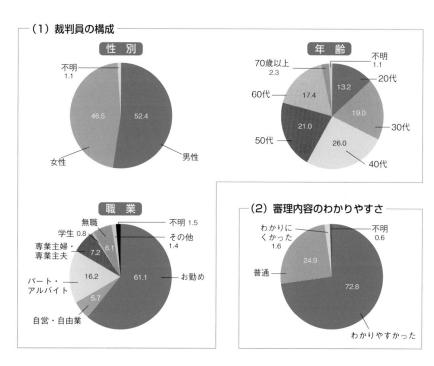

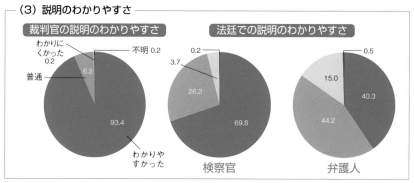

（注）　単位は％。補充裁判員と候補者を除いた裁判員経験者 5,556 人を対象とした結果のみを掲載した。
（出所）　最高裁判所「裁判員等経験者に対するアンケート調査結果報告書 令和元年度」（令和 2 年 3 月）より作成。

図 5-15　裁判員等経験者に対するアンケート調査結果（2019 年）（1）

5.7 希望を育てる

　裁判員制度が実際に始まったあとの，国民意識の変化には，注目すべきものがあるように思います。多くの批判と不安とともに始まった裁判員制度は，案外好意的に受け入れられました。そこには，はっきりとは目には見えないけれども「国民の法意識の変化の始まり」があり，「重くゆっくりした，しかしもはや止めることのできない」変化が始まった，と当時明言した前田雅英氏のような論者もいました。前田氏は，そのような変化のきっかけになったのは，裁判員を実際につとめた人たちの記者会見の内容であったと分析しています。真摯に悩みながら答えを出した裁判員たちが，「大変だったがやりがいがあった」と答えたことが，国民に強い印象を与えたというのです。

　たしかに，裁判員の重圧に誠実に耐えた人たちがその体験を肯定的に語る声は多く聞かれます。最高裁判所が実施した，令和元年度の裁判員裁判経験者に対するアンケートでも，選ばれる前に，「積極的にやってみたい」「やってみたい」と思っていた人が，37.2％であるのに対し，裁判に参加したあとは，実に97.0％の人が，「非常によい経験と感じた」「よい経験と感じた」と回答しています。そのうえ，「裁判所は年長男性ばかりだと思っていたが女性の裁判官も若い裁判官もいて話しやすかった」とか，「こちらの言うことをよく聞いてくれて裁判官の冷たいイメージが崩れた」などの，裁判所についての先入観と現実との差についても広く語られ始めました。民事訴訟の原告・被告や刑事訴訟の被告人ではない一般市民が，裁判所の内部に入ってその実感を語ることは，裁判員制度の開始以前はほとんどないことでした。

　裁判員制度の導入に象徴される司法制度改革が，このようなプロセスを通じて裁判所を「遠い場所」から「身近な場所」へとどこまで変えていくのかは，はっきり予測することは困難ですが，私たちは今後も法や裁判を自分の問題としてとらえ，「公正で頼りがいのある司法」という希望を，大切に育てていくべきでしょう。

　なお，裁判員制度の導入にあたっては，それが憲法違反（裁判員法は

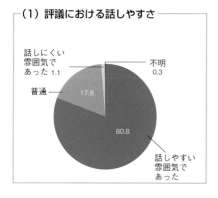

(1) 評議における話しやすさ

話しにくい雰囲気であった 1.1
不明 0.3
普通 17.8
80.8 話しやすい雰囲気であった

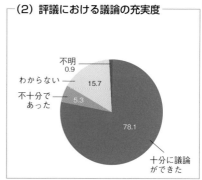

(2) 評議における議論の充実度

不明 0.9
わからない 15.7
不十分であった 5.3
78.1 十分に議論ができた

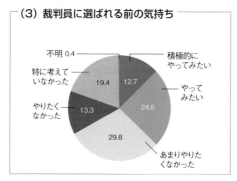

(3) 裁判員に選ばれる前の気持ち

不明 0.4
特に考えていなかった 19.4
やりたくなかった 13.3
29.8
積極的にやってみたい 12.7
やってみたい 24.5
あまりやりたくなかった

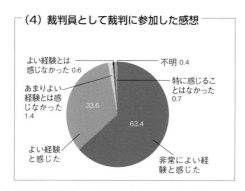

(4) 裁判員として裁判に参加した感想

よい経験とは感じなかった 0.6
あまりよい経験とは感じなかった 1.4
よい経験と感じた 33.6
不明 0.4
特に感じることはなかった 0.7
63.4 非常によい経験と感じた

（注） 単位は%。補充裁判員と候補者を除いた裁判員経験者 5,556 人を対象とした結果のみを掲載した。
（出所） 最高裁判所「裁判員等経験者に対するアンケート調査結果報告書 令和元年度」（令和 2 年 3 月）より作成。

図 5-16　裁判員等経験者に対するアンケート調査結果（2019 年）（2）

違憲無効）だという主張がなされました。その立場から論拠とされた憲法の条文は多岐にわたります。

　第1に，裁判員の参加する裁判体は憲法の規定する「裁判所」にあたらないという立場からは，「裁判所において裁判を受ける権利」を保障した32条，「刑事事件において公平な裁判所による迅速な公開裁判」を保障した37条1項，「すべて司法権は裁判所に属する」とする76条1項，適正手続を保障した31条への違反が主張されました。第2に，裁判員の判断が裁判官を拘束することから，「裁判官の職権行使の独立」を保障した76条3項違反が主張され，第3に，裁判員の参加する裁判体は76条2項で憲法が禁止する「特別裁判所」にあたるという主張がなされ，第4に裁判員制度は国民に「意に反する苦役」を課すものだという立場から18条違反が主張されました。

　これらの主張は実際の裁判でも主張されましたが，平成23年11月16日の最高裁判所大法廷判決はこれらの主張をすべてしりぞけ，裁判員制度は合憲であると判断しました。裁判員制度を含めた私たちの司法を，将来に向かって育てていくべき法的基盤が，これによってますます固まりました。

　現在は，合憲性をめぐる原理論争が実務的には決着したので，むしろ裁判員制度がもたらした刑事裁判への具体的な影響とその課題，たとえば，公判の活性化への影響，裁判官や検察官の役割や弁護士の弁護活動への影響，裁判員裁判による量刑の変化，残虐事件や死刑事件に関与する裁判員の精神的ケアのあり方などの論点につき，具体的で緻密な検証と議論が積み上げられています。

　このように，裁判員制度の導入と展開は，法の可塑性とそのプロセスを観察できる格好の素材です。この例にみられるように，法はつねに，未来に向かって開かれている存在です。これからも，つねに法は変化し続けるにちがいありません。そして法を造形し，磨き上げていくのは，みなさん自身なのです。

クローズアップ ● 裁判員制度のこれからの課題について

裁判員制度のこれからの課題を考える視点は複数あると思いますが，ここでは，2つの視点を指摘しておきます。下に述べるように2つの視点は交錯しあっていますが，いちおう別の視点として扱います。

1つめの視点は，裁判員制度を創出した「裁判員の参加する刑事裁判に関する法律」（裁判員法）の制定の趣旨をよりよく実現するものに，同制度を育てていかなければならないということです。裁判員法1条は次のように規定しています。

「この法律は，国民の中から選任された裁判員が裁判官と共に刑事訴訟手続に関与することが司法に対する国民の理解の増進とその信頼の向上に資することにかんがみ，裁判員の参加する刑事裁判に関し，裁判所法及び刑事訴訟法の特則その他の必要な事項を定めるものとする。」

裁判員制度の目標として，明記されているのは，「司法に対する国民の理解の増進と信頼の向上」です。

一部の国民自身が裁判に参加することにより裁判の仕組みを学び理解すること，あるいは，一般国民がその報道に接して裁判のあり方について考えることについては，すでに順調に始まっています。ここで注意すべきは，司法に対する国民の「理解の増進」を図るというときには，「現行制度を知ること」にとどまらず，制度の問題点を認識してそれを改善していこうという問題意識を獲得することも，「理解」という言葉に含まれているに違いないということです。むしろ，今後の課題としてより重要なのは，司法に対する国民の「信頼の向上」のほうです。裁判員制度の導入前には，従来の職業裁判官による精密な裁判の良さが失われるというたいへん強い批判がありましたし，現在もあります。この批判をかわすことのできるだけの「信頼性」を，はたして裁判員制度は今後獲得していけるかどうか，それが大きな課題です。冤罪処罰を出さないことはもちろん，処罰に値する人を適正な刑罰で処罰する実績を積み上げることにより，従来の職業裁判官による裁判に劣らない安定感のある刑事司法を実現することが重要です。

2つめの視点は，裁判員制度は刑事訴訟制度の一部であるから，現行刑事訴訟法の精神を十分に実現するものに育てていかなければならないということです。同法1条は同法の目的をこう規定しています。

「この法律は，刑事事件につき，公共の福祉の維持と個人の基本的人権の保障とを全うしつつ，事案の真相を明らかにし，刑罰法令を適正且つ迅速に適用実現することを目的とする。」

ここには刑事訴訟制度を支える諸価値が，「公共の福祉の維持」「基本的人権の保障」「事案の真相解明」「刑罰法令の適正で迅速な適用」といった4つのキーワードにまとめられています。裁判員裁判もまた，たんに処罰を確保するだけでなく，被告人の人権に配慮した適正な手続を通じた適正な処罰を行うものでなければなりません。さらに，裁判員裁判は，事案の真相解明に資するものであると同時に，迅速なものでなければなりません。

こういった，必ずしも両立が容易ではない複数の要請を，社会通念にも配慮しつつバランスよく実現するという難しい舵取りが，裁判員裁判に関与する国民と法律家たちに求められています。

──〈読 書 案 内〉──────────────

丸田隆『陪審裁判を考える──法廷にみる日米文化比較』(中公新書, 1990 年)

ダニエル・H・フット (溜箭将之訳)『名もない顔もない司法──日本の裁判は変わ
　るのか』(NTT 出版, 2007 年)

松尾浩也「刑事訴訟の日本的特色──いわゆるモデル論とも関連して」(「法曹時報」
　46 巻 7 号, 1994 年)

前田雅英「裁判員裁判──目には明かに見えねども」(「UP」443 号, 2009 年 9 月)

索 引

人名索引

事項索引

本書で言及している法文

刑　事　法

条　　約

著者紹介

青木人志（あおき　ひとし）

1961 年	山梨県富士吉田市生まれ
1980 年	山梨県立富士河口湖高校卒業
1984 年	一橋大学法学部卒業
1989 年	一橋大学大学院法学研究科博士後期課程単位修得退学
1991 年	関東学院大学法学部専任講師
1995 年	一橋大学法学部助教授
現　在	一橋大学大学院法学研究科教授（2002 年より）　博士（法学）
	専攻分野：比較法

主要著書

『動物の比較法文化——動物保護法の日欧比較』（有斐閣，2002 年）

『法と動物——ひとつの法学講義』（明石書店，2004 年）

『「大岡裁き」の法意識——西洋法と日本人』（光文社，2005 年）

『日本の動物法 第 2 版』（東京大学出版会，2016 年）

『判例の読み方——シッシー＆ワッシーと学ぶ』（有斐閣，2017 年）

『法律の学び方——シッシー＆ワッシーと開く法学の扉』（有斐閣，2020 年）

グラフィック[法学]=1

グラフィック 法学入門　第2版

| 2012 年 8 月 10 日Ⓒ | 初 版 発 行 |
| 2021 年 4 月 25 日Ⓒ | 第 2 版 発 行 |

著　者　青木人志	発行者　森平敏孝
	印刷者　加藤文男
	製本者　小西惠介

【発行】　　　　　　　　株式会社　新世社
〒151-0051　東京都渋谷区千駄ヶ谷 1 丁目 3 番 25 号
編集☎(03)5474-8818(代)　　　　サイエンスビル

【発売】　　　　　　　　株式会社　サイエンス社
〒151-0051　東京都渋谷区千駄ヶ谷 1 丁目 3 番 25 号
営業☎(03)5474-8500(代)　　　　振替 00170-7-2387
FAX☎(03)5474-8900

印刷　加藤文明社　　　　　　製本　ブックアート
《検印省略》

ISBN 978-4-88384-328-2
PRINTED IN JAPAN

グラフィック
憲 法 入 門
第2版

毛利　透 著
A5判／264頁／本体2,250円（税抜き）

憲法研究の第一線にいる著者の平明で信頼感ある解説と左右見開き構成・2色刷により初学者に好適の書として幅広く好評を得ているテキストの最新版。本文解説の拡充や近時の判例追加のほか，憲法にかかわる新しいトピックを紹介し掲載データのアップデイトを行った。

【主要目次】
憲法を読む前に／日本国憲法とは／国民主権と象徴天皇制／平和主義／基本的人権の尊重／法の下の平等／精神的自由／経済的自由／人身の自由／社会権／参政権・国務請求権／国会／内閣／裁判所／地方自治／憲法改正

発行　新世社　　　発売　サイエンス社